Bu oyunun geliştirilme süreci ve çevirileri Canadian Council of the Arts'ın finansal desteğiyle gerçekleştirilmiştir. İçerik tamamen yazarlara aittir ve Canadian Council of the Arts'ın görüşlerini yansıtmak zorunda değildir. Oyunun İngilizce sahnelenmesi ile ilgilenen ekiplerin proje koordinatörü Halime Aktürk (halime@cudigiulianofilms.com) ile iletişime geçmesi gerekmektedir. Türkiyedeki sahneleme hakları oyunun temsilcisi Mitos-Boyut Yayınevi'ne aittir.

*

This play is developed and translated through the financial support of the Canadian Council of Arts. All of the opinions expressed in the play belong to the playwrights, and they do not represent the opinions of the Canadian Council of Arts. Theatre groups that are interested in staging the play in English should get in touch with the project coordinator Halime Aktürk (halime@cudigiulianofilms.com). For stagings in Turkey, the representative agency of the play is Mitos-Boyut Publishing House.

*

Ev lîstik bi piştgiriya aborî a Canadian Council of the Arts'ê hatiye pêşxistin û wergerandin. Hemû nêrînên lîstikê aîdî nivîskarên wê bi xwe ne û dibe ku nêrîna Canadian Council of the Arts'ê temsîl nekin. Komên şanoyê ku dixwazin vê lîstikê bi îngilîzî bilîzin, divê li gel kordînatora projeyê Halime Aktürk (halime@cudigiulianofilms.com) pêwendiyê deynin. Ji bo lîstikên li Tirkiyê nûnera lîstikê weşenxaneya Mitos-Boyut e.

THE CANADA COUNCIL   LE CONSEIL DES ARTS
FOR THE ARTS   DU CANADA
SINCE 1957   DEPUIS 1957

Türkiye Yayın ve Sahneleme Hakları
©TEM Yapım Yayıncılık Ltd, 2023

Mitos-Boyut Tiyatro Yayınları
Oyun Dizisi 690

Fatma Onat-Deniz Başar-Ayşe Bayramoğlu
"New Stockholm'de Sonbahar"

1. Basım 2023

ISBN   9786057210623

Baskı: Mutlu Print Basım Tic. Ltd., Topkapı/İstanbul; Davutpaşa
Cad. Güven İşmerkezi, C Blok, No. 256/Sertifika No: 48627

Mitos-Boyut®
TEM Yapım Yayıncılık Ltd. Şti.
Osmanlı Sokağı, Osmanlı İşmerkezi 18/12., Taksim- Beyoğlu/İST.
Tel 212. 249 87 37-38; Fax 212. 249 02 18
E.posta: mitosboyut@gmail.com
web: www.mitosboyut.com.tr

Mitos-Boyut® + OYUN DİZİSİ 690

FATMA ONAT, DENİZ BAŞAR, AYŞE BAYRAMOĞLU

NEW STOCKHOLM'DE SONBAHAR
Türkçe - Tirkî - Turkish

+

PAYÎZA NEW STOCKHOLMÊ
Kürtçe - Kurdî - Kurdish

+

AUTUMN IN NEW STOCKHOLM
İngilizce - Îngilîzî - English

Mitos Boyut

İÇİNDEKİLER

NEW STOCKHOLM'DE
SONBAHAR

Yazarlar
Fatma Onat, Ayşe Bayramoğlu, Deniz Başar

Dramaturg: **Şehsuvar Aktaş**
Yönetmen: **Onur Karaoğlu**
Proje Yöneticisi: **Halime Aktürk**
Kürtçe Çevirmen: **Alan Ciwan**
İngilizce Çevirmen: **Deniz Başar**
Yayına Hazırlayan: **Deniz Başar**

'Canadian Council for the Arts'
bu projeye finansal destek sağlamıştır.

Başvuru dosyası adı: Autumn in New Stockholm
Başvuru dosya numarası: 1002-21-1942

İğneden Geçen İpin Ucu Nerelere Uzanır?

New Stockholm'de Sonbahar
Oyunu Üzerine

Eylem EJDER[*]

Prolog: "Onların ülkesinden geliyorum"

Onların ülkesinden geliyorum.

Bir zamanlar, ekinlerin ekilişi, buğdayın salınışı, ırmağın çağlaması, koyunların kuzulamasıyla zamanı bilenlerin ülkesinden. Kitaplarının arasında yasemin çiçeği kurutanların zamanından. Siyasi krizler, toplumsal değişimler, direniş hareketleri, darbeler, soruşturmalar, baskılarla hayatın sürekli bir çalkalanma hareketinden ibaret olduğu bir yerden. Farksızlığın bir idare biçimi olduğu bir ülkeden. Her felaket anında dağılıp dayanışanların, incindikleri yerden birbirine sarılanların, "her şey daha güzel olacak" ve "sana söz baharlar gelecek" diyenlerin arasından geliyorum.

Onların ülkesinden geliyorum.

Kendilerini anlatma hakkı elinden alınanların. Onlardan esirgenmiş her şeye çoook uzakta bir yerde de olsa elbet bir gün kavuşmayı ümit edenlerin ülkesinden. Şimdinin boğucu göğünden çıkmak için elde avuçta ne varsa bulup buluşturup daha iyi bir gelecek arayanların arasından geliyorum. Başka bir yerde eşitlik, adalet ve mutluluk ararken yaşamları büsbütün solup kararanların ülkesinden. "Helalleşmeyeceğiz, hesaplaşacağız" seslerinden.

*Onların ülkesinden geliyorum.*Telve'nin, Bakla'nın, Kurşun'un açtığı üç yollardan, üç vakitlerden, tutulan dileklerden. Anlatmanın, dinlemenin ve bir araya gelme dahilinde her şeyin açacağı tazelenme ve güzellik ihtimalinden.

Onların ülkesinden geliyorum. Nesrin'in, Hazal'ın, Suzan'ın ve Fetanet'in. Dileklerin fallarla kuruyup kaldığı bir taşkınlıktan. Kendilerinden esirgenen zaman ve zeminin düğümünü hevesle ve inatla ilmek ilmek söküp neşeyle ve öfkeyle yeni bir zaman ve zeminde arzı endam edenlerin içinden.

Onların ülkesinden geliyorum. Deniz'in, Ayşe'nin ve Fatma'nın. New Stockholmler'de her mevsim sonbahar'a tiyatroyla direnenlerin sahnesinden. İçlerinde kuruyup kalmış hikâyeleri anlatırken bize uzattıkları ipin ucuyla tüm insanlığın kalbini birlikte yeniden dikmek isteyen genç kadınların kelimelerinden.

I.

İnsanın bu dünyada kendine ayrılmış bir zamanı ve yeri var mı? Bizim için yaratılmış, özenle bezenmiş bir huzur ve mutluluk yeri. Bu yere nasıl sahip çıkarız? Bu yeri nasıl yaratırız ya da ?

New Stockholm'de Sonbahar oyunu doğup büyüdüğü ülkeden daha iyi bir gelecek için farklı zamanlarda ayrılmış üç (birinin karnında gizlice büyüyen bebeği de sayarsak dört) kadının hikâyesini anlatıyor. Anlatı tiyatrosunun imkânlarıyla örülmüş bu metin Türkiye'de örneğine pek rastlanmayan bir yöntemle üç farklı yazar tarafından oluşturulmuş. *New Stockholm'de Sonbahar*, oyun yazarları Deniz Başar, Fatma Onat ve Ayşe Bayramoğlu'nun 2014 sonrasında farklı nedenlerle göç ettikleri Kanada, Yeni Zelanda ve Avusturalya deneyimleri ve gözlemlerinden esinle yazılmış. Oyun üç farklı kuşaktan kadınların daha insanca, adil ve eşit bir yaşam, daha iyi bir gelecek ve eğitim umuduyla gittikleri çoook uzaktaki New Stockholm adlı bir ülkede maruz kaldıkları yalnızlık ve ötekileştirmeye inat var kalma çabalarını konu ediyor. Bu çabaya "bir intikam provası" ya da "hesaplaşma anlatısı" da denilebilir.

Oyunun ilk taslağıyla 17 Mayıs 2022 günü İstanbul'daki Kumbaracı50 tiyatro sahnesinde yapılan okuma tiyatrosunda karşılaştım. Nesrin –ve kızı Suzan/507–, Hazal ve Fetanet adlı dört göçmen kadının New Stockholm'de farklı zamanlarda yaşadıkları benzer deneyimler Telve, Bakla ve

Kurşun adlı üç fal cini tarafından anlatılıyordu. Kadınların geldiği ülkenin adı belirtilmemişti ama onlar yaşadığım ülkenin kadınlarıyla aynı isimleri taşıyordu. Oyunda Hazal'ın Suzan'a/507'ye söylediği gibi "bizim oralılara benziyor"lardı. Terk ettikleri ülkelerinde farklı zamanlarda onları boğan toplumsal baskı, darbe, siyasal baskı ve şiddetler burada yaşadıklarımızla ne kadar da aynıydı. Bazılarını anarsam: 2013'te İstanbul'da başlayıp ülkenin birçok şehrine yayılan bir isyan ve direniş hareketi olan Gezi'nin ardından ülkede giderek tırmanan anti-demokratik atmosfer, 2015'te bir barış mitingine yapılan bombalı terör saldırısı, 2018'da Erdoğan'ın yetkilerini genişleten başkanlık sistemine geçiş; artan toplumsal ve siyasal kutuplaşma, ifade özgürlüğünün kısıtlanması, barış için imza veren akademisyenlerin, gazetecilerin kurumlarından ihraç edilmesi, soruşturmalar ve yargılamalar, tutuklamalar, şiddeti artan ekolojik kıyımlar, orman yangınları, depremler... Sonu gelmez bu politik felaketler ülkede kökeni çok eskiye dayansa da "yeni dalga" adını alan ve çoğu eğitimli gençlerden oluşan bir göç hareketine neden olmuştu. Her biri farklı nedenlerle giden arkadaşlarımın geride bıraktığı ülkenin manzarası yani yaşadığım yer aşağı yukarı böyle. Peki ya gittikleri yer? Orada nasıllar? *New Stockholm'de Sonbahar* oyunu gidenlerin hikâyesiyle ilgileniyor ve deneyimin içinden anlatıyor.

Oyunun üç anlatıcısı Telve, Bakla ve Kurşun cini New Stockholmler'de kaybettirilmiş zamansız ve zeminsiz yaşayan ruhların sesi olarak anlatıyorlar. Onlara musallat olduklarını söyledikleri dört genç kadının Nesrin, Suzan/507, Hazal ve Fetanet'in hikayelerini. Anlatıcı cinler anlatmaya hem hevesliler hem de mecburlar. Çünkü olmuşu/ olmakta olanı/olacağı anlatmak ya da onların vurgusuyla *nakletmek*, içlerinde kuruyup kalmış bu hikâyelerden kurtulmanın bir yolu.

Anlatarak ve dinleyerek üstesinden geldiğimiz nedir? Yine de yatışmayan bir öfke, yatışmayan bir suçluluk, kapatılamayan bir hesap var mıdır?

II.

İnsanın bir dinleyici topluluğu karşısında anlatarak, haykırarak üstesinden geldiği nedir? Onu zamansız ve zeminsiz kılan yerde kendi varlığını inatla yeniden kazanmak mı? Anlatmak, bu boşluktan doluluk, kaskatı edilgenlikten bir taşkınlık yaratmak mıdır?

Fal bakmak bir tür hikâye anlatıcılığıdır. Geçmişin, şimdinin ve geleceğin, dolayısıyla kayıpların, özlemlerin, heveslerin, umutların alanıdır fallar. Oyunda söylendiği gibi üç vakte kadar gelecek müjdelerin, bekleyen tehlikelerin, çıkılacak yeni yolların ve maceraların izleri orada görülür. İnsanı etkisi altına alan tüm kötü bakışlar anlatmanın ve dinlemenin büyüsüyle burada çözülür. O yüzden oyunda anlatılanlar kahve telvesi gibi akmalı, bakla gibi saçılmalı, kurşun gibi bir anda patlamalı ve tüm kötü bakışları temizlemelidir. Ama bizim baktığımız fallarda kötü bakış genelde bir kişiyi işaret eder. Orada bir yerde, hanenin dışında bizi izleyen, kötülüğü değen birinin bakışıdır bu. Peki ya, bu bakış bir ya da birkaç kişiden değil içinde yaşadığımız toplumdan, kendi ülkemizden kurtulmak için gittiğimiz başka bir ülkenin bize bakışından ibaretse? Kötü bakış örgütlü bir toplumsallıksa hangi fal bu kötülüğü, bu nazarı temizleyebilir? Bakışı kendi ontolojisinde barındıran tiyatro sanatı anlatı yoluyla bakışları değiştirebilir mi? Oyunu başlatan ilk bölümün sorusu gibi fallarda çıkanı anlatmak bu bakıştan "kurtulmanın yolu mudur?" Sadece üç anlatıcı cine değil, anlattıkları kadınlara da basmış olan New Stockholm'ün sonbahar havasından çıkmak anlatarak mümkün müdür? Kendi kendini anlatma hakları ellerinden alınmış bu kadınlar özlemleri, umutları, hevesleri, daha gidecek yeni yollarıyla fallarda kaskatı kalmışlarsa, anlatmak, bu eksikli boşluktan bir doluluk, bu kuru edilgenlikten bir taşkınlık yaratmak mıdır?

Kahve falı bakan Telve Cini yaşadığı evlilik dışı ilişki yüzünden 1960 yılında New Stockholm'e göç eden genç avukat Nesrin'in ve kızı Suzan'ın ya da diğer adıyla 507'nin hikayesini anlatıyor. Bakla falı bakan Bakla Cini, 2016 yılında New Stockholm'e göç eden dansçı Hazal'ı ve kurşun döken Kurşun Cini ise Suzan'ın öldüğü yıl (2023) doğacak ve Hazal'ın öldüğü yıl (2046)'da New Stockholm'e doktora araştırması için gelecek olan sayborg Fetanet'in hikayesini anlatıyor. Fetanet, bu üç kadının farklı zamanlarda New Stockholm'de yaşadıkları deneyim ortaklığını ve hikâyelerinin dolaşık düğümlerini açmaya çalışacak olan kişi. Ne de olsa bir iz sürücü o. Diğerlerinden farklı olarak New Stockholm'e bir arşiv araştırması için gelmiş, kalıcı değil. Kaç kuşağın New Stockholm'le yarım kalmış, birikmiş hesabını kapatıp gidecek.

Bu üç kadının hikâyesinin ortak noktaları var. Üçü de darbelerle, büyük siyasi krizlerle şekillenmiş bir ülke deneyiminden geliyorlar. Onlara darbe çocukları diyebiliriz. Oyunda vurgulan tarihlere bakıldığında hepsinin ülkenin darbe tarihleriyle ve ardından gelen akıl almaz olaylarla işaretlendiği görülür. Nesrin, 1960 darbesi ve görece özgürlükler tanıyacak olan 1961 anayasasının ayak sesleri arasında toplum baskısından, dayatılan ahlaki normlardan kaçıyor. Onu anlatan kahve falında dibe çöken telvenin ağırlığı gibi karnında taşıdığı bebeğini (Suzan/507) gizleyerek geliyor New Stockholm'e. 1980 darbesinden birkaç yıl sonra doğan bir Kürt kadın olan Hazal ise yaşadığı ülkenin doğusunda yaşanan iç savaşlar yüzünden ülkenin batısına göçe zorlanmıştır. Hazal'ın yaşamı 2013'teki Gezi Direnişi ve sonrasında yaşanan akıl almaz suçlama, soruşturma ve tehditlerle giderek allak bullak olmuştur. Parklarda verdiği ücretsiz dans dersleriyle ("dans devrimin provasıdır" der oyun) suçlanması, botanik üzerine yaptığı YouTube videolarının bölücülük faaliyeti olarak görülmesi, bir üniversitenin kantininde çıkan yangından sorumlu tutulmasına bir de 2016'da yaşanan darbe girişimi eklenince Hazal'ın yaşam alanı iyice daralır. Daha iyi bir yaşam uğruna şimdi ve buradan çooooook uzakta, taaa orada bir yıldız ışığı misali parlayan umut ve ütopya kıtası New Stockholm'e gider. Fetanet ise Cumhuriyet'in yüzüncü yılında, herkesin kurtuluş ve özgürlük beklediği yeni bir yüzyılın başında, yine bir başka darbe ve felaketin tıkanık başlangıcında doğar. 77 yıl yaşayan Fetanet, New Stockholm'e göç etmiş sanatçı, akademisyen, topraksever kadınlar kuşağının sonuncusudur, şimdilik.

Kitabının arasında kuruttuğu bir yasemin çiçeğiyle New Stockholm'da her mevsim sonbahara girecek Nesrin'den Fetanet'e giden kuşak gümrük gişesinden geçerken kadından sayborg'a doğru yol alıyor. (Diğerleri için bir yurt hatırası olan kurutulmuş yasemin çiçeği bile olmayacak Fetanet'in.) Başına gelenlerde eski Türk filmleri havasından melodramatik bir esintiyi duyduğumuz Nesrin'den, annesinin intiharı sonrası yerleştirildiği yetiştirme yurdunu kundaklayan Suzan/507'ye giderken avangard bir ihtarını yapacak oyun. New Stockholm'de bütün karakterleri bağlayan ilk düğümün, yani "suç"un işareti olarak sanat ve suç ilişkisini kurcalıyor 507 çünkü. Hazal ile 507'nin karşılaşmasından, New Stockholm devlet arşivlerini hackleyip kendi aile tarihini açığa çıkaran Fetanet'in intikam gösterisine (belki de bir hesaplaşma kalkışması demeli) vardığımızda anlatı da dramdan bilimkurguya dönüşüyor. Oyun, baskı ve korku altında yaşadığı için yurdundan ayrılmak zorunda hisseden ve daha iyi bir gelecek için doğduğu yerden ayrılanın ama gittiği yerde ötekileştirilenin, kabul görmeyenin, hor görülenin, ikincilleştirilenin bakışından ve sesinden anlatıyor.

III.

Hiçbiri toprağa buradan düşmüş tohumlar değiller evet
ama yeşerdikleri yer burası
olabilir mi?

New Stockholm gümrük kapısında üç kadın. Üç farklı zaman. Nesrin için 1960, Hazal için 2016 ve Fetanet için 2046. Kapı aynı kapı, memur aynı memur. Thebai kapısına taht kurmuş Sfenks gibi bilmecesine yanıt arayan memurun ("dilimizi biliyor musun"la başlayıp "hiç suç işlediniz mi"yle devam eden) değişmeyen yargılayıcı ve suçlayıcı soruları, değişmeyen küçümseyici bakışları ("dilimizi nasıl bu kadar iyi konuşuyorsunuz"), aynı kasvet ve aynı soğukluk. Adının aksine yeni olan değil, değişmeyen bir şeyler var New Stockholm'de. Burada zaman hep iç sıkıntısı, mevsim hep sonbahar.

New Stockholm bir yok-yer. Henüz burada olmayan iyi yer gibi bir ütopya ülkesi. Demokrasi, eşitlik, adalet, farklılıkların farklılık olarak doya doya yaşanabileceği bir toprak vaadi. Nesrin, Hazal ve Fetanet için göğe bakıldığında işaret edilecek en uzak yıldız gibi, yer kürenin bizim ülkemize en uzak noktasında. Bu uzaklık sadece coğrafi değil. Kültürel, etik, dinsel, toplumsal ve siyasal yaşamlarımıza dair umut ettiğimiz ne varsa New Stockholm vaatleriyle kadınların geldiği ülkeden fersah fersah uzakta duruyor. Uzaklık bir karşıtlık aynı zamanda. Ve bir yanılsama. Ve umut edilen her şeyden geriye kalmış bir bitkinlik ve solgunluk alanı. Suçlu ve borçlu hissetmek, kendini mazur göstermek, etrafla iyi geçinmek için sürekli kendinden taviz vermek New Stockholm'de her göçmen için bir gündelik yaşam dayatması. New Stockholm'da sonbahar'ı yaşamak sonu gelmez bir kasvet ve değersizleşme hissi, ne yapsan giderilmez bir iyileşmezliği yaşama hali. Nesrin'in, Fetanet'in, Suzan'ın ve Hazal'ın deneyimlerine bakıldığında New Stockholm kendini rüzgâra saklamış bir ülke. Oyunun adıyla ve adının taşıdığı yer ve zamanla bir vaadi varsa eğer, bu vaat hep aynı yolculuk dalından yere düşmekten öte bir zemin oluşturmuyor.

Uzaktan ütopya, yakından distopya gibi görünen New Stockholm'ün aksine, *New Stockholm'de Sonbahar* oyununun kendine özgü bir ritmi var. Neşe ile öfke, oyun ile yaşantı, heves ve zorunluluk, akış olmakla kuruyup kaskatı kesilmek, anlatmak ile kurtulmak arasında gidip geliyor. Bu ikili haller ne birbirini dengeliyor ne de büsbütün askıya alıyor. Bir denge aramak boşuna belki. Bu gidip gelmeler ara sıra baş gösteren bir çalkalanma gibi oyunda sürekli iç içe. Bunlar dengelemeden çok aramızdaki düğümü oluşturacak ipler.

IV.

Bir oyun zamanın hoyratlığına direnme gücünü nereden alır? Yine zamandan mı? Onlar, New Stockholm'de sonbahara nasıl direniyorlar? Bu koşullarda devam edebilmemizi sağlayan şey nedir? Tiyatroda ve tiyatro aracılığıyla devam edebilmenin yolu ne? Öfke devam etmenin, hayatı katlanabilir, hatta onu yaşanılır kılmanın etkili yöntemlerinden biri onlar için. Günü geldiğinde birbirimizi bu yaratıcı öfkeden tanıyacağız.

Her falın bir vaadi vardır; niyetleri, tutulan dilekleri. New Stockholm'ün insana vereceği iç açıcı vaatleri yok. Peki ya oyun? New Stockholm'ün aksine oyunun dinleyicisine/izleyicisine bir vaadi var mı? Oyunun anlatarak kendine yaratacağı yeni bir akış yatağı varsa eğer, bu oyunda sık geçen ve anlatma eyleminin karşılıklarından biri olarak kullanılan "nakletmek" sözcüğü olabilir. Çünkü *nakletmek* oyunun son bölümünü bağlayacak cerrah düğümüyle ve seyirciye uzatılan "ipin ucu"yla da düğümleniyor. *Nakletmek* aynı zamanda operasyonel bir kavram. Bir organı açmak, bedenleri kesmek ve yeniyle değiştirmek gibi. Kalp nakli, göz nakli, doku nakli...

Nakletmenin oyunun dramaturjik olarak kurucu kavramlarından birini oluşturduğunu daha açık görmek için Fetanet'in hikâyesine ve onun sunumuna bakmakta yarar var. Fetanet, bizim zamanımızın ilerisinde yaşayan biri. Yakın zamanda gerçekleşeceği öngörülen yeni bir darbenin çocuğu. Darbenin ardından gerçekleşecek biyopolitikalar sonucunda (yeni doğanların gözüne kimlik tanımlayıcı çip yerleştirilmesiyle) bir gözünü kaybeder. Göz boşluğu dikilen Fetanet büyüyünce kendini bir sayborg olarak tanımlayacaktır. Göç Yönetim Biyo Politikaları Doktora Programı için geldiği New Stockholm'de asıl derdi kontrollü de olsa devlet arşivini erişilebilir tutan bu ülkede yanlış göç politikaları sonucunda sömürülen, tüketilen, sessizleştirilen, arşivlerde birer rakamdan ibaret olan insanların hikâyesini açığa çıkarmaktır. Fetanet'in derdinin kaynağına erişimi, veritabanında kendi genetik örgüsüyle eşleşen bir kayda ulaşması ile, yani kaderin ya da Fal Cinleri'nin cilvesiyle mümkün olur. Oyunu bilimkurguya yaklaştıran bu bölümde Fetanet, genetik olarak eşleştiği Nesrin'in kızı Suzan ya da diğer adıyla 507'nin New Stockholm'deki geçmişlerinin kimi önemli anlarına tanık olacak, hatta bir çocuğun (Suzan'ın) anılarında sürreal bir zeminde yer edecek, çok daha sonra Suzan'ın sanatında bir görsel bilinçaltı canavarı olarak dolaşmaya devam edecektir. Fetanet sadece New Stockholm'ün göç yönetim adı altında uyguladığı asimilasyon ve ötekileştirmeleri değil, bu kadınlarla olan dolaşık bağlarını açığa çıkaracak, kayıp akrabalarının hikâyelerini bulacaktır. Suzan'la ve Nesrin'le akrabalığını (Nesrin'in evlilik dışı ilişki yaşadığı Cemil Bey Fetanet'in büyük dedesidir) bulacaktır örneğin. Öte yandan kendi doğumunun hikâyesinde Hazal'ın payını — Hazal'ın terk ettiği ülkesinde yaşanan direniş hareketinde gaz bulutu arasında yardım edip tanıştırdığı çiftin Fetanet'in anne babası olacağını — arşivlere geçmediği için Fetanet öğrenemeyecektir. Ancak Fal Cinler'inin "ten bilgisi"ni paylaşmalarıyla seyirci bütün kadınlar arasındaki bağı çözecek ve Fetanet'ten bir adım öne geçecektir. Fetanet oyun sonundaki sunumunda hem kendi ailesinin karanlık tarihini hem de New Stockholm politikalarının "genç bir kadına ve çocuğuna ve ülkesinin diğer kadınlarına neler yaptıklarını ilmek ilmek ucundan tutup söktüğü" gibi anlatır. Dahası bu kadınların hepsinin — Nesrin'in, 507'nin, Hazal'ın — New Stockholm'de var kalma çabalarına eşlik eden sanatsal uygulamalarını, danslarını, resimlerini, kendilerinde kalma ısrarıyla "bela çıkaran bedensel pratiklerini" açığa çıkarır. Oyun böylelikle fal anlatısını kuşaklar arası karşılaşma ve buluşmanın ve hatta dayanışmanın da kavşağı haline getirir. Bu buluşma noktası anlatıların, hikâyelerin, deneyimlerin birbirine taşındığı, nakledildiği yerdir.

Nakletmek, anlatmanın kefili, oyunun hedefi, varış noktasıdır. Nakletmek; fallarda kuruyup kalanı yeniden akıtmak, göz boşluklarının dikişini açıp orada hapsolmuş ışığı sahneye yaymaktır. Nakletmek, bir taşıma olduğu kadar taşma halidir de oyunda. Son sahnede gördüğümüz şey biraz da

budur. Fetanet'in "pek sevgili Dr. Frankesteinlar" diye ses-
lendiği New Stockholmlüler'e yaptığı intikam sunumu kas-
katı bir engellenmişliğin içinde nihayet sonsuz hızla akmak
gibidir. Fetanet, kendi göz boşluğunu diken bir zihniyetin
suçla örülmüş düğümlerini çözüp yeni bir onarmanın, yeni
bir dikmenin, iyileşmenin derdindedir.

Su değmeyen, yıkanmayan fallar kaskatı kesilir, kuruyup
kalır, biliriz. Bakla kıpırdamaz, telve kurur, kurşun donar.
Anlatılmadıkça zamanla kuruyan, eksiklikten, boşluktan
dolan bu gerçeklik, bu edilgenlik son süratla akmaya başlı-
yor şimdi. Kurşun Cini'nin anlattığı Fetanet patlamalı sunu-
muyla bu katılığı eritme, göz göz olmuş tüm hor bakışları
patlatma niyetinde. Fetanet'in anlatısı darbe sonrası göz
çukurunda oluşan, o kimsenin bakmaya tahammül edeme-
diği dikili göz boşluğundan coşkun bir doluluğa dönüşür.
Sürekli ivmelenen, coşkun konuşması bir falın tamamlan-
madan önceki son çalkalanma hareketi gibi ya da gümrük
kapısında ısrarla bekleyerek başlayan anlatının tüm kapalı
kapıları kıra kıra açması gibi bir hamle yapar. ("Neden size
sonuna kadar açık olan sınır kapıları, akademinin kapıları,
sergi salonlarının kapıları, yayınevlerinin ve söz söylenebile-
cek her yerin kapıları arşive rakam rakam sığdırmaya çalış-
tıklarınıza hep kapalıdır?") Son sahnede suların sızması hem
bir intikam provası olarak taşkınlığın göstergesi hem de
anlatmanın ferahlığıdır.

Epilog: İpin ucunu "biz düğümleyeceğiz!"

*"Anlattık ve kurtulduk mu gerçekten?" Ya tuttuğumuz ipin
ucu? İğneden geçen ipin ucunun kime, nerelere uzanacağını bili-
yor muyuz? Hangi kuruyup kalmış, düğümlenmiş hikayelere?
Hangi açık kalmış kalpleri yeniden dikmeye?*

New Stockholm'de Sonbahar Türkiyeli seyirciler için oldu-
ğu kadar bir başka ülkede benzer sebeplerle New
Stockholmler'e göç etmeye heveslenen/mecbur kalanlar
için ve New Stockholmler'de yaşayanlar için yazılmış bir
oyun. Oyun geçmişten bugüne yanlış siyasal kararlarla

hayatları kararan ve göçe zorlanan insanları ve gittikleri yerde çok daha boğucu yanlış göç politikaları sonucu kimlikleri ve anlatıları ellerinden alınan insanları anlatıyor. Oyunda Fetanet'in söylediği gibi "insanın kendi kendini anlatma hakkını elinden almak sömürgeciliğin tanımı"ysa eğer, *New Stockholm'de Sonbahar* anlatısının sert ironisini ve yargısını demokrasi ve özgürlük vaadiyle kendini kuran ülkelerin sömürgeci politikalarına yöneltiyor. Oyun New Stockholmler'le yüzleşme anlatısı olduğu kadar, Nesrin'in, Fetanet'in, Hazal'ın, Suzan'ın Deniz'in, Fatma'nın ve Ayşe'nin terk etmek zorunda kaldıkları Türkiye gibi ülkelerin otoriter siyasetiyle de hesaplaşma anlatısı.

Oyunun Kumbaracı50'deki okuma tiyatrosu sonrası seyircilerle yapılan söyleşide yazarların söylediği gibi umarım *New Stockholm'de Sonbahar* Türkçenin yanısıra Kürtçeye ve İngilizceye de çevrilir ve oyun Kanada'nın hemen birçok bölgesindeki halk ve üniversite kütüphanelerinde kendine bir yer edinebilir, Kürtçe tiyatro yapan topluluklardan Kanada kırsalındaki Kızılderililer'e dek geniş bir çevreye ulaşabilir. Üç farklı yazarın bu süreçte birbiriyle kurduğu dayanışma ve dostluğun, ortak üretimin örneği olan bu çalışma benzer deneyimi yaşayan halklar arasında bir bağ kurulmasına ya da yeniden kurulmasına vesile olur.

Ermeni-Kanadalı tiyatro sanatçısı ve akademisyeni Art Babayants'ın oyuna destek vermesi ve Haziran 2023'te Kanada'da okuma tiyatrosunu gerçekleştirecek olması çok sevindirici. Dilerim *New Stockholm'de Sonbahar* oyunu içeriği ve eleştirel tavrı kadar Türkiye'nin geleneksel anlatı öğeleriyle de kurulan yapısıyla Kanada seyircisinin güzel bir anlatı tiyatrosu örneğiyle karşılaşmasını sağlar.

Türkiye'ye gelince, buralardan gitme isteğinin her zamankinden çok arttığı bu günlerde umarım *New Stockholm'de Sonbahar* oyunu meselenin kalmak ya da terk etmek kadar, hatta hepsinden çok her iki durumda da olmuşla/olmakta olanla/olacakla yüzleşmek olduğunu hatırlatır bize.

19 Nisan 2023, İstanbul

* **Eylem Ejder:** Fizik ve Tiyatro alanlarında eğitimini tamamladı. Ankara Üniversitesi Tiyatro bölümünden 2022 yılında "Geri Dönüşüm Dramaturgileri: 2010'lu Yıllar Türkiye Tiyatrosunda Nostalji, Metatiyatro, Ütopya" başlıklı teziyle doktora derecesini aldı. Harvard Üniversitesi Mellon Performans ve Tiyatro Araştırmaları Okulu'nun 2018 ve 2022 dönem katılımcıları arasında yer aldı. Oslo Üniversitesi İbsen Araştırmaları Merkezi'nde misafir araştırmacı olarak çalışmalar yürüttü. Yazar, editor ve sanatçı olarak çalışmalarını İstanbul'da yürütüyor.

2000 sonrası Türkiye tiyatrosu üzerine çalışmaları düzenli olarak yurt içi ve yurt dışı dergiler, kitaplarda yayınlanıyor. *İçinden Tiyatro Geçen Mektuplar*'ın (Zehra İpşiroğlu'yla birlikte) ve *Hevesle Beraberlik Arasında Bir Şey: Bir Kritik Kolektif Kitabı*'nın (Handan Salta'yla birlikte) ortak yazarlarındandır. 2022 yılından itibaren, şiir, ekoloji ve tiyatroyu konu edinen sunum performansı *do,laş,mak*'la çeşitli tiyatro buluşmaları ve festivallerde yer alıyor.

***

Süreç Özeti:

Bu oyun Fatma Onat'ın Deniz Başar ve Ayşe Bayramoğlu'na 2020'nin Şubat ayında beraber bir oyun yazma teklifinde bulunması ile başlamıştır. Yazarlar her hafta zoom üzerinden buluşarak New Stockholm'ün dünyasını inşa etmiştir. 2021'in Nisan ayında Canadian Council for the Arts'a (CCA) Halime Aktürk'ün proje yöneticiliğinde oyunun geliştirilmesine finansal destek sağlamak için başvuru yapılmış, 2021'in Ağustos ayında başvuru CCA tarafından resmen kabul edilmiştir. 2021 Ekim ayından itibaren dramaturg Şehsuvar Aktaş yazarlarla beraber haftalık toplantılara katılarak çalışmaya başlamıştır. Mart 2022'de oyunun hâlâ ilk taslağı üzerine çalışılırken sürece yönetmen Onur Karaoğlu dahil olmuştur. Oyunun ilk Türkçe taslağı 17 Mayıs 2022 Salı günü Kumbaracı50 sahnesinde (Tomtom, Kumbaracı Ykş. No:50, 34433 Beyoğlu/İstanbul) Onur Karaoğlu'nun yönetiminde oyun okuması olarak sunulmuş, Fetanet-Kurşun Cinini Gülhan Kadim, Hazal-Bakla Cinini Sinem Öcalır, Nesrin-507-Telve Cinini Ayşegül Uraz canlandırmıştır. Metnin birinci taslağını okuyan ve notlarını yazılı olarak ileten, ya da oyun okumasına katılan yaklaşık otuz (30) kişilik bir tiyatrocu, tiyatro eleştirmeni ve tiyatro akademisyeninden alınan geri dönüşler sonucunda yazarlar ve dramaturg ikinci taslak üzerine çalışmış, sonrasında ise oyuna son halini yönetmen Onur Karaoğlu 2023'ün Ocak ayında vermiştir.

25 Haziran 2023'te yönetmen Art Babayants ve Toronto Laboratory Theatre oyuncuları tarafından oyunun İngilizce çevirisinin oyun okuması Cahoots Theatre'in Yaratım Stüdyosunda (388 Queen St E #3, Toronto, ON, M5A 1T3) yapılmıştır.

Mitos-Boyut yayınlarından çıkan bu kitabın üç dilli ilk baskısının 300 adet kopyası Kanada'nın bütün bölgelerindeki halk kütüphanelerine, üniversiteler ve yüksek meslek okullarının kütüphanelerine ve kırsal alanlardaki sosyal tesis kitaplıklarına ulaştırılmış ve bu kitaplıkların arşivlerine girmiştir.

Dramaturjik açıklama:

Kurşun Cini: Kurşun döküp nazarı-gözü görüyor. Fetanet ve Kurşun aynı oyuncu tarafından oynanıyor. Fetanet'in görmeyen gözü aynı zamanda.

Bakla Cini: Bakla falı bakıyor. Hazal ve Bakla aynı oyuncu tarafından oynanıyor. Hazal'ın kendi toprağıyla olan bağı aynı zamanda.

Telve Cini: Kahve falı bakıyor. 507, 507'nin annesi Nesrin ve Telve aynı oyuncu tarafından oynanıyor. 507'nin resim ile ilişkisi aynı zamanda.

Fallar, bütün zamanların ve zeminlerin aynı anda bir arada olabildiği alanlar. Seyircinin salona gelişinden üç kadının New Stockholm'e girişine, zamanlar ve zeminler arası bağlantıyı kuran araçlar burada kullandığımız haliyle fallar. Böylece cinler zamanın içinde zeminsiz yaşayan ruh-ların sesi oluyorlar.

Oyunda asıl niyet cinlerin temel isteğini ve bu doğrul-tudaki eylemini göstermek gibi gözükmeli. Sanki bizim derdimiz onların bulunduğu durummuş gibi görünürken, aradan üç kadının hikayesi baş göstermeli. O yüzden cinler anlatma hevesi ile anlatma zorunluluğunun sorumluluğu arasında salınan varlıklar olmalı; yargılama, yorumlama gibi "insan aklına" dayanan özellikleri anlatmak zorunda olmanın sorumluluğundan gelirken, neşeleri ve oyunbazlık-ları anlatmanın hevesinden gelmeli. Bu nedenle çok dav-etkar olmalılar, onlar ev sahibi bir nevi, üslupları bu yüzden olabildiğince cezbedici olsun.

Üçü de izleyenin "hayalhanesinde" olabildiğince çok ya da en azından eşit oranda yer etmek, etki bırakmak istiyorlar ya, o nedenle anlatma, gösterme, oynama konusunda sakınımlı olmasınlar hiç, hatta bir rekabet içinde olsunlar, anlatmanın şevkiyle lafı birbirlerinin ağzından alabilirler. Üstelik hikayeleri birbirine bağlı, birbirlerine bağımlılar. Her biri kendi bölümlerini kendi mizaçlarına göre *naklede-bilir* (bu arada nakletmek fiilini sık sık kullanabiliriz hikaye anlatımı için, anlam olarak daha zengin diye düşünüyoruz — "nakledeyim ki naklolayım"). O da şöyle olabilir: Kurşun "patlamalı", Bakla "saçılan ya da yayılan", Telve "akan" bir üslupla ve jest dizgesiyle anlatabilir. Bu özellikler yerine göre farklı kuvvette ve büyüklükte kendini belli edebilir, böylece onların "tam bir insan" olmadıklarını hatırlatırız. Sözgelimi Telve kimi yerde "ığıl ığıl akarcasına" anlatıp eylerken, kimi yerde birden "dökülebilir". Örneğin anlatmanın coşkusuyla (seyircide etki yaratma arzusuyla, öfkeyle değil) Kurşun birden patlayınca Telve — (seyirci ürkmesin diye) lafı kapıp daha akışkan devam edebilir; bunlar daha çok kendi aralarındaki söyleşmelerde kullanılabilir. Telve birden dökülüp çok hızlanınca Bakla sazı alıp ayrıntıları yayabilir. Ezcümle birbirlerine kontrpuan oluşturabilsinler, seyri ve dinlemeyi cazip kılar.

Prolog: Anlatacağız ve belki de kurtulacağız!

Kendi aralarında seyircinin duyamayacağı bir şekilde konuşup anlaşırlar. Her biri büyük bir gösterişle seyirciyi selamlar.

Telve: Hoş geldiniz!

Bakla: Ben Bakla,

Kurşun: Ben Kurşun / ...

Telve: Ben de Telve. Falız biz. Üç vakitler, yollar, kısmetler hep bizde görünüyor.

Bakla: Sizin üç vakitler de burda. Ama silik. Parça parça. Dağınık. Yok gibi. Hem var hem yok gibi. *(Bir an)* I-ıh!

Kurşun: Çünkü kurumuş kalmış bir falız biz bir süredir. Falız BİZ bir süredir... FALIZ biz bir süredir! Falız biz BİR SÜREDİR... fa-lız biz / ...

Telve: Biz hep aynı falız. Çünkü hep onlar görünüyor. Fincanda, baklaların arasında, kurşundaki gözlerde hep onlar.

Kurşun: Kurudu kaldılar üstümüzde onlar, yani o üç kadın. Söylediklerine göre o kadınlar bize bir şey olmuşlar. Neydi?

Bakla: Mmmuus ... muuusss ...

Telve: allaat ...

Kurşun: Mmmuuussallaaat olmuşlar. Öyle dediler.

Telve: Onlar bize mmmuuussallaaat olunca bizde hep onların hikayeleri çıkıyor. Fincanı açmaz,

Kurşun: Kurşunu dökmez,

Bakla: Baklayı sermez olmuştuk. Onlar hâlâ burda. Ama siz de buradasınız. Bu sefer başka.

Telve: Onları size anlatalım.

Bu kez hevesle, iştahla içlerine bakarlar.

Telve: Telvenin gücüyle ...

Bakla: Nebatın gücüyle ...

Kurşun: Nazarın gücüyle...

Telve: *(seyirciye)* Üç vaktin üçünde üç kadın gördük.

Kurşun: *(cinlere)* Dört. O kadının içindekini unutma.

Telve: Üç vaktin üçünde dört kadın gördük. Önce Nesrin göründü bende yol yol. Aavukaaatmış. Hem de annnnne. Kendi evinden New Stockholm diye bir yere... *(cinlere)* Neydi?

Bakla: *(Telve'ye)* Göçmeye karar vermiş.

Telve: Hah! New Stockholm'e göçmeye karar vermiş. Karnında da 507/Suzan varmış o zaman. Kızıymış Nesrin'in. Karnından çıkınca büyüyecekmiş, sanaaatçı olacakmış.

Bakla: Hazal da benim baklalarımın arasından yeşerip durdu. Dan-dansçıymış. O da New Stockholm'e... *(cinlere)* Neydi?

Telve: *(Bakla'ya)* Göçmeye karar vermiş.

Bakla: Hah! New Stockholm'e göçmeye karar vermiş. Orda meyve toplayacakmış.

Kurşun: Bana göz göz görünen kadının adı Fetanet'ti. Arıyıcıymış.

Bakla: Arıyıcı değil, araştırıcı.

Kurşun: Evet. Bir de söybörk. O da New Stockholm'e göçmeye karar vermiş.

Bakla: Zamanın üçünde bu üç kadın New Stockholm'e göçmüşler. New Stockholm göçlerini almamış ama. *Çünkü göç alınmaz. Sen göç edersin, göç ettiğin yer seni almaz, kapıda geçirirsin ömrünü.* Hazal, öyle söylüyor.

Telve: İşte bu kadınlar bizde hep bir kapının önünde çıkıyorlar. Kapının adı Gümrük Kapısı.

1. Gümrük Kapısı

Telve: *(fincanı işaret ederek)* Bak, görüyor musun şurayı, böyle sesler, tabelalar, ışıklar, aksanlar, bavullar, kapılar... Yol geçen hanı desem, değil. Yol vermedikleri verdiklerinden daha çok gibi. Tam da şurda, bak bak. Bir kabinin içinde.

Kurşun: *(Elindeki kurşun parçasını işaret ederek)* Omuzları dik, yüzü ifadesiz, sorguya durmuş üç aynı adam.

Bakla: Adamı bırakalım, kadınları anlatalım.

Telve: Kadınlar, kadınlar adamın bulunduğu gişeye doğru yürüyor. Nesrin ve karnındaki 507 için yıl 1960, Hazal için 2016, Fetanet için ise 2046. Ama gişe aynı gişe. Memurun önünde, ten bilgisi hariç kadınlara dair her şey var gibi. Soru sormayı görev edinmiş, bilmecesine yanıt arayan biri gibi bu görevli. Oturmaktan yorulmuş gövdesini ayağa kaldırıyor. Aslan değil neyse ki, ama kükrüyor sanki.

Bakla: Sonra Nesrin sırtını dikleştirip memura doğru yürür-keeeenn...

Telve: Bir dakika yalnız, Nesrin bana musallat olan, sen Hazal'ı anlatacaksın.

Bakla: A-a? Ne münasebet? Seninki Nesrin'in karnındaki bir defa, adıyla Suzan, lakabıyla 507. Nesrin sana musallat olmadı ki!

Telve: Nasıl anlatayım ben fetüsü annesini anlatmadan? Olacak iş mi?

Kurşun: Sırf Fetanet'i mi anlatacağım ben, bana o musallat oldu diye? Olur mu öyle şey canım?

Bakla: *(Seyirciye)* Biz tabi orayı demedik size... Şöyle ki her birimizin, biz cinlerin yani, bu karakterlerle ayrı ayrı şey-leri var... Ne denir ona?

Kurşun: Bağı?

Telve: İlişiki?

Bakla: Kan bağı?

Telve: Göbek bağı?

Kurşun: Hah! Göbek bağı var.

Bakla: Evet yani şey gibi... Gölge gibi.

Telve: Bakalım. *(Kahve fincanına bakar)* Bir memur, gişede. Bizim kadınlar onun önünde. Uçakta doldurulması gereken uzunca form New Stockholmce, zamanı gelince gümrük memuruna verilecek ama gümrük memuru karşılaşma anında yine de soracak "Dilimizi biliyor musunuz?" diye. Cevap evetse, New Stockholmce biraz test edilecek ayak üstü.

Kurşun: E işi bu sonuçta gümrük memurunun, hele ki uzun kalmaya geliyorsan New Stockholm'e, hele ki *ya temelli kalırsa*lardansan.... Memurun bu sorgulamaya dilden, onun deyişiyle "dilimiz"den başlaması normal yani.

Bakla: Bi de illaki bunun ardışığı bir soru daha sorulacak "dilimizi nereden öğrendiniz?" diye.

Kurşun: O sırada 1960'da sıra ilerleyip de kendisine geldiğinde Nesrin, New Stockholm'deki ilk 2 saat 17 dakikasını doldurduğunu fark ediyor. Ama Nesrin'i rahatlatan tanıdık bir koku var burnunda, çokça kurutup kitapların arasına serpiştirdiği yasemin yaprakları her nasılsa burnunun direğinde sanki. Onu süzen gümrük memuru, belgelerini uzatması için önündeki masaya hafifçe vuruyor.

Bakla: Bak şimdi. Aha bak şurda (*avcundaki baklaları gösterir*), 2016'da Hazal, on üzerinden üçlük New Stockholmcesiyle uçakta tam dolduramadığı formu Babil Kulesini yapanlara küfrede küfrede hâlâ anlamaya çalışıyor. Yolduğu dudakları kanıyor. Kanlı dudakla çıkmak olmaz memurun karşısına.

Kurşun: Bak, (*kurşun parçasını gösterir*) 2046'da ise o cos cos patlayan meşhum karşılaşma anında gümrük memuru Fetanet'in köşelerini yuvarladığı aksanlı New Stockholmcesinin dil ve kelime bilgisinin yüz üzerinden yüz on oluşuna inanmak istemiyor.

Telve: "Çünkü yani," diye geçiriyor içinden 2046'da gümrük memuru elindeki tükenmez kalemin çıtçıtı ile oynarken, "o aksan ile benden daha çok kelime biliyor olması imkânsız bu kızın".

Bakla: 1960'ta ise memur, Nesrin'in kusursuz New Stockholmcesinden etkileniyor etkilenmesineee, ama şöyle düşünüyor: Yirmili yaşlarının baharında, iyi eğitimli olduğu her halinden belli, bağımsız ve yapayalnız bu esmer genç kadın neden bir ajan olmasın ki?

Telve: Ne?

Kurşun: Memur bu düşünce üzerine kaşlarını çatıp müdürüne danışmaya gidiyor. "Aman" diyor, "bir kız var, karanlık suratlı, belli yani bir hinlik var gibi sanki, ne yapsak dersiniz müdür bey"? Bu sırada Nesrin'in pasaportunu gösteriyor memur müdürüne. Gösteriyor dediysek, sade kapağını yani, nereden geldiğini görsün diye.

Bakla: Bunun üzerine müdür bey şöyle bir uzaktan kesiyor Nesrin'i. Nesrin'in uzun bacaklarına, döpiyesinin sardığı beline ve belli belirsiz dekoltesine daha bir uzun bakıyor ama sadece görev bilincinden tabii ki.

Kurşun: "Hmm" diyor müdür bey. "Aferin sana oğlum, böyle uyanık olacaksın işte. Çok haklısın şüphelenmekte, oralarda böyle giyinilmiyor, biliyorum ben. İyice bir araştır, sor soruştur bakalım, hiç içime sinmedi benim bu kadın, her kimse".

Telve: A-aa!

Bakla: Genç memur bu işe çok seviniyor. Nesrin'in pasaportunun ucuyla oynarken dudağında bir ıslık var gibi. Anlıyor ki terfisi yakındır, hele de bir ajan yakalarsa değmeyin terfinin hızına. "Aman diyor" içinden, "sıkı tutayım ben bu soruşturmayı".

Kurşun: Elbette bu memurun dudaklarından dökülmüyor; ama biz şuncacık kurşun parçasında görüyoruz ki bu şüphe memuru oracıkta ele geçiriyor. Nesrin bunun farkında bile değil.

Telve: Nasıl olmaz canım? Saçmalık! Nesrin bu, deneyimsiz olabilir ama akıllı. Onun derdi köprüyü geçmek.

Bakla: Böyle mi geçiliyormuş köprü?

Telve: Yani... Atsın mı köprüleri kadın, ne yapsın ayol?

Kurşun: *(Cinlere)* Tamam! Yeter! Kabul. *(Seyirciye)* Sessizliği onay sayıp memura teşekkür ediyor Nesrin.

Telve: Tabii bu üç ayrı zamandaki üç aynı gümrük memurunun üçünün de şüpheleri zamanın ruhuna uygun özel dikilmiş.

Kurşun: Hazal'ınki olası "yük"leri tespit etme, içeri almama derdinde. O savaş benim şu savaş senin derken gelenin gidenin haddi hesabı yok, ne yapsın yani New Stockholm devleti, her yerin savaşına çomak sokabilir ama herkesi alamazlar sonuçta.

Bakla: Fetanet'inki 2046'ya kadar başlarına bela olan türlü çeşitli pandemilerden, salgınlardan, birinci, üçüncü, yüzbeşinci dalgalardan kalan, özellikle üçüncü dünya denilen uzak ülkelerde yuva yapan virüsleri New Stockholm'e geçirmeme derdinde.

Kurşun: O zaman dönüyorum gümrük kapısı sorularına. Dil ön yeterliliği geçildikten sonra asıl sorular başlıyor. Soru bir: "Cinsiyetiniz?".

Telve: İlk cevap Nesrin'den. *(Nesrin ilk kez görünür.)*

Nesrin: Kadın.

Kurşun: Nesrin bu cevabı verirken gayri ihtiyari eteğini savurur.

Bakla: Hazal da veriyor cevabını. *(Hazal ilk kez görünür.)*

Hazal: Kadın.

Kurşun: Fetanet'te muzipçe ortalığı yumuşatma hevesi var. *(Fetanet ilk kez görünür.)*

Fetanet: Sayborg.

Kurşun: Diyerek bu hevesini alacakken vazgeçiyor.

Fetanet: Yok tamam, kadın diyelim geçsin.

Kurşun: Hımmm! New Stockholm'e güvenli giriş sorusu olarak "bu kızlık soyadınız mı" diye sorulmuyor bu üç ayrı zamanın ikisinde.

Telve: Nesrin'e soruluyor bu sadece.

Nesrin: Evet, kızlık soyadım.

Telve: Diğer iki zamanda ise bu sorunun sorulmamasından anlıyoruz ki, demek kadınlığa dair kızlıktan başka merak edilen devletsel ve toplumsal konular ve tabular var artık

New Stockholm'de. Fetanet, memurun yüzüne zorla dikilmiş gibi duran gülümsemenin önünde göz taraması yapmalarının imkânsız olduğunu nasıl söyleyeceğinden yana endişeli gözüküyor.

Kurşun: Çünkü bir askeri darbenin ilk kitlesel yaptırımlarından birinin kurbanı oluşunu, üç yaş ve üzeri herkese yapılması zorunlu kılınan göz implantının çok nadir görülen yan etkilerinden birine maruz kalışını ve sağ gözünü böyle kaybettiğini anlatmak zorunda olması ve bunun anlaşılmayacağını bilmesi inceden bir migren tetikliyor. Gümrük memurunun bakışı Fetanet'in şık bir yama ile kapadığı eksik gözünde asılı kaldıkça üzerinde biriken nazarın yükü kırk kurşunu kırka bölecek kadar yoğunlaşıyor.

Fetanet: Şey göz taraması yapamazsınız çünkü bende çip yok. / Yani nasıl yok, yok işte. / Ha ha — çok şakacısınız memur bey, evet bu korsan yaması gibi şey aksesuar değil, evet. / Yok yani, göz yuvam tamamen boş. O yüzden örtük, yani — içinizi kaldırmak istemem ama — göz kapaklarımı birbirlerine dikmeleri gerekmiş bu yüzden, cam ya da robotik göz de tutmuyor orası artık. / Yani, göstermesem olmaz mı çünkü yani... / Hı hı evet anlıyorum tabii...

Kurşun: Bazıları nazardan göz, gözden nazar çıktığına inanadursun, Fetanet'in ailesi kimsenin lafını dinlemeden kamusal alanda büyük yankı uyandıran bir hukuk mücadelesi vermiş ve veriyor Fetanet'in gözünden sebep.

Telve: Bu durumun doktor hatası olmadığı uzmanlarca tespit edildiği halde dava sadece implantı yapan doktora kesilen komik miktarda bir para cezasıyla sonuçlanıp rafa kaldırılıyor 2035 yılında.

Bakla: Memur, "Fazilet Hanım sen neden geldin New Stockholm'e," diye sorduğu an Fetanet'in yanıtı çok net:

Fetanet: İsmim Fetanet yalnız. Kabul aldığım Göç Yönetim Biyo-Politikaları doktora programı için.

Kurşun: "Fakat kabulü geçen sene almışsınız," diyor memur.

Fetanet: Bu devirde çipi olmayan kimliksiz demek. E benim çipim var mı? Yok. Olmayan çipimle kapınıza gelebilmek için bazı üst düzey yetkililerin kapılarını defalarca çalmam gerekti, bu da bir yılımı aldı. Yürüsem daha hızlı gelirdim yeminlen, derdim ama diyemiyorum. Çünkü kapınızdan geçmek istiyorum.

Bakla: Bak köprü kapı oldu bu sefer!

Telve: *(Seyirciye)* Bu iç hesaplaşmadan sonra memura der ki Fetanet:

Fetanet: Evet, ama bir yıl içinde gelmek koşuluyla. Ekteki dökümanlardan da görebileceğiniz gibi halihazırda 2046'nın Nisan'ında olduğumuz için bir yıllık süre henüz tamamlanmadı.

Telve: Memurun dudağının kenarını kıvırıp çenesini kaşıyarak "Demek eğitim için geldin ha Nazrin Hanım" sorusuna ya da imasına karşılık Nesrin'in cevabı:

Nesrin: Nazrin değil efendim, Nesrin. New Stockholm Üniversitesi Hukuk Fakültesi Aile Hukuku Yüksek İhtisas Programında eğitim almak için, evet.

Kurşun: Memurun gözlerinin mavisi Nesrin'in cevabı kadar berrak değil, gözlüğünü indirip burnuna —

Telve: "Kabul dilekçenizi görebilir miyim," diye soruyor.

Bakla: Soru beklediği yerden ama yine de ensesi ürperiyor Nesrin'in, elindeki evrak dosyasını düşürüveriyor elinden. Hoppala! Bütün resmi evrakları ve her nasılsa dosyanın içine sızmış kurutulmuş yasemin dalları yerde. Başına bir iş almamak için, bütün kokuyu içine çekip dalları yerde bırakıyor. Mayıs 1960 tarihli kabul mektubu ayaklarının dibinde alınmayı beklerken etraf mis gibi çiçek kokuyor.

Telve: Mavi gözleri çipil çipil memur ellerine dezenfektan sürüp ovuşturuyor sinek gibi ve soruyor Hazal'a:

Kurşun: "Çok anlayamadım Zelal Hanım, 2016 hasadı için

acil mevsimlik işçi kontenjanından dansçı olarak mı geldiniz?"

Hazal: İsmim Hazal, çiçekçi olarak geldim.

Kurşun: Deyince Hazal, memur omurgasını geriye doğru esnetiyor kütür kütür, tam da kanatlarını açan bir sinek gibi gözüktüğünü düşünüyor onun o sırada Hazal.

Telve: "Neyse. Burda dansçı olduğunuz yazıyor," diyor tek kaşı havada. "Yalan beyan mı?" Hazal ensesine değen saçlarını bir hışımla başının tepesinde bir topuza çevirip memurun merakını en tatlı sesiyle gideriyor:

Hazal: Değil. Dansçıyım, toprakla uğraşmayı da seviyorum. Birden çok beceri suç mu bu ülkede?

Bakla: Neyse ki Hazal'ın bu son sorusunu duymuyor memur, kendi soruları daha önemli malum. "Başka ülkelere başvurdunuz mu?"

Nesrin: Hayır, asla! New Stockholm'e gelmek benim tek ve yegane hedefimdi.

Kurşun: İşin aslı şu ki Nesrin New Stockholm'e asıl ve en çok saklanmak için gelmişti, ailesinden, cemiyetinden, arı kovanı gibi uğuldayan akraba meclislerinden ve komşu gözlerinden ancak çok uzağa, en uzağa giderse kurtulabileceğini düşünmüştü. Eh, haksız mıydı ki?

Hazal: New Stockholm'e gelmek benim için adeta bir çocukluk hayaliydi. Öyle ulvi bir hedefti ki anlatamam. Hele şu azcık New Stockholmcemle hiiiç anlatamayacağım, artık siz anlayın gözünüzü seveyim.

Bakla: Yola düşmek zorunda kalmadan önce, Hazal'ın botanik üzerine videolar çektiği bir kanalı vardı. Böyle aşağı yukarı bin kişilik takipçisi olan bir YouTube kanalıydı bu. Son yaptığı yayından sonra bir takım ihbarlar yapılmış, ilgili yetkililer göreve filan çağrılmıştı ne hikmetse. Bu ihbarların dikkate alınmasının ardından Hazal'ın da nur topu gibi bir iddianamesi olmuştu tabii. Bir üniversitenin kantininde çıkan yangından sorumlu tutuluyordu. İddianamede "yangının baş şüphelisi olarak kuşları göstermek için güvercin gübresi kullanan zanlı" olarak anılıyordu hatta. Ayrıca patlamanın etkisini arttırmak, daha ölümcül sonuçlar almak için perlit kullandığı, toprağa karıştırdığı yasaklı maddeler olduğu da iddialar arasındaydı. Üstüne üstlük kayıp yakınları için yapılan bir eylemde dans etmesi teröre yardım yataklık, parklarda verdiği ücretsiz dans atölyeleri eylem hazırlığı, yayın sırasında anadilde kullandığı bazı kelimeler operasyonel şifre...

Kurşun: *(Sözünü keser Bakla'nın)* Ohooo! Bu liste uzuyor belli ki. Sadede gelirsek, bütün bu iddialardan daralan Hazal gözünü haritaya ondan sebep çevirmiş, böyle keşfetmiş New Stockholm'ü. Şimdi düşünün ki Hazal burda yaşıyor, New Stockholm ise taaaaaaaaaaaaaaaa-aaaaaaaaaaaaaaaaaaaaaaaaaaaaaaaaaaaaaaaaaaaaaaaaaaaaa aaaaaaaaaaaaaaaaaaaaaaaaaaaaaaaaaaaaaaaaaaaaaaaaaaaaa aaaaaaaaaaaaaaaaaaaaaaaaaaaaaaaaaaaaaaaaaaaaaaaaaaaaa aaaaaa şurda. Öyle uzak. Öyle ulaşılmaz. İşte bu ülkekentin çoook uzak olması, aynı Nesrin için olduğu gibi, Hazal için de en cazip özelliği olmuş. Fetanet'in gerekçeli bahanesi ne olmuş peki?

Fetanet: Alanımdaki en iyi üniversite New Stockholm'de olduğu için geldim.

Telve: Aslında Fetanet'in temel isteği neredeyse başka hiçbir ülkenin açmayı göze alamadığı devletin biyo-data arşivlerine girmekti. Arşivlerini kendi üniversitesine açabilmiş bu tuhaf ülke-kente olan ilgisi buradandı. Yoksa burayı bir basamak olarak kullanıp, bu ikinci sınıf üniversiteden ve ülke-kentten en kısa zamanda çıkacağını tabii ki gümrük memurlarına ve gümrük formlarına söylemeyecekti.

Kurşun: Kendine güvenle gülümseyen Fetanet'in karşısında gümrük memurunun soruları, bir ses kaydından akar gibi aralıksız devam ediyor. "Peki Letafet Hanım, nerede kalacaksınız? Bir ev ise, ev sahipleriyle ilişkiniz nedir? Kira verecek misiniz? Uzun ya da kısa vadede burada mülk edinmeyi düşünüyor musunuz?"

Fetanet: Letafet n'apar bilmem ama Fetanet size yük olacak değil!

Telve: Kabul aldığı üniversitenin ona sağladığı iki oda bir salon, belki bir salon bir oda, belki oda salon, belki salonumsu kapsülün bulunduğu konumu hemen bildiriyor Fetanet.

Bakla: Vize alırken gösterdiği pansiyonu mu, onu almaya gelecek arkadaşının arkadaşının teyzesinin kaynının evini mi, yoksa iki aylık mevsimlik işçi olarak işe başlayacağı en yakın komşu evin 2 km uzakta olduğu barakayı mı belirtmeli Hazal? Elindeki kalemi kafasının tepesindeki topuza sokup kafa derisini kaşıyor hatır hatır.

Telve: Nesrin önce sağ elinin sonra da sol elinin parmak eklemlerini çıtır çıtır çıtlattıktan sonra elindeki kâğıtlarda mevcut olan mektup adresini tekrarlıyor.

Kurşun: Sıradaki soru "ne kadar para ile geldiniz?". Fetanet yine istemsizce tırnak etlerini yolmaya başladığını fark ediyor, sunduğu burs belgeleri ve banka dökümlerindeki rakamların toplamını küsuratıyla beraber söylerken.

Hazal: Banka hesabımdaki parayla bu ülkede rahat rahat yaşayabilirim.

Bakla: Dedikten sonra beyan ettiğiyle hakikat arasında yaşadığı teredütten kurtulmaya çalışırken eli hafiften sızlayan dudaklarının üzerinde. Yolmaya, daha fazla acı vermeye yer yok artık. Hazal, banka hesabında gösterdiği yedi sülaleden toplanmış paranın toplamını belgesiyle beraber cevabına iliştiriveriyor.

Telve: "Ülkenizde düzenli bir geliriniz olduğunu söylemişsiniz. O gelirin New Stockholm kuruna gelen karşılığı sizi burada yaşatır mı?"

Fetanet: Evet, bursum bu ülkede rahat rahat yaşamama olanak tanıyor.

Bakla: Hazal derin bir soluk alıyor. Çünkü sınırı geçene kadar paraların sahiplerine iade edilmeyeceğine dair hâlâ, nene, amca, komşu teyze ve bütün alacaklılar mutabık.

Nesrin: Ailemin gayrimenkullerinin kiraları benim banka hesabıma yatıyor. Kur da bire bir olduğundan devletinize yük olmadan yaşayabilirim.

Telve: Tabii nereden bilecek o sırada Nesrin, bu beyanından birkaç ay sonra kendi ülkesinde ekonomik kriz çıkacağını ve kurun aniden bire yirmi bir olacağını.

Kurşun: "Yara, doğum lekesi, dövme gibi ya da başka bedensel deformasyonlarınız var mı? Varsa sebebi nedir Zerrin Hanım?"

Nesrin: Nesrin!

Telve: Nesrin'in fincanında tam da telvenin en göz göz olduğu yerden gördüğüm kadarıyla, onun herkeslerden gizleyerek karnında büyüttüğü 507, annesinin güzelliğini ve bu güzelliğin çekeceği nazarı aynen üzerine alacağından ve ensesinde onunla birlikte büyüyen ters soru işareti şeklindeki telverengi lekeden habersiz henüz.

Bakla: Fetanet bu soruda artık bam teline dokunulduğundan üç yıl önce kırılan bacağında tam iyileşmeyen sinirin yürek gibi atmaya başladığını hissediyor.

Fetanet: Göz var işte! Daha doğrusu yok! Anlattım ya hani az önce... / Pardon, sesimi yükseltmek istememiştim. Heyecandan hep, dedem söylerdi, ben çocukluğumdan beri biraz böyleymişim... / Buralarda bunlara yer yok. Anladım. Çok haklısınız. Özür dilerim.

Telve: Hazal niye tişörtünü öyle burnuna kadar çekti Baklacım? Yoksa bir leke, dövme, deformasyon mu var? Bir kusur, bir işaret, bedende kalan affı telafisi olmaz bir kader izi?

Bakla: Şimdi bu Hazal 80'li yıllarda küçücük bir kızken ayrıldığı memleketine 2000'li yılların ortasında genç bir turist olarak dönmüş. Üniversitedeki bir grup arkadaşıyla beraber civar illeri, köyleri, coğrafyanın tamamını turluyorlar neredeyse. Döndüğünde yüzünün ifadesi, aklı, hissi pek yüklü. Emziren kadının memesinden damıtılması makbul sütle yoğrulmuş mürekkebin yüzünde bıraktığı ağır bi yük var. Hazal, seyahatinin izini çenesine dövdürdüğü deqte taşıyor.

Telve: Gümrük memuru sandalyesinde kıpır kıpır, aynı sorunun bir de çeşitlemesi var elbet ilkinin ardından gelen. "Teninde sildirmek istediğin bir leke var mı?"

Fetanet: Yok. Ama göz sağlam olsa iyi olurdu.

Hazal: Yok. Ama çenemdekinin yükü biraz daha hafif olsa iyi olurdu.

Telve: Nesrin bu soruyu "yok – yok!" diye geçiştiriyor, bir şey söylemeye gerek duymadan. Tam da o sırada 507'nin ensesinde bir kaşıntı; Telverengi soru işareti şeklindeki doğum lekesi yeni oluşmaya başlamış derisinde kendini gösteriyor.

Bakla: "Doğal kokun dışında bir koku kullanıyor musun?"

Nesrin: Chanel No 5.

Kurşun: Gümrük memuru önündeki kâğıda Chanel No 5 diye not düşünce Nesrin gülmemek için kendini çimdikliyor. Sorular da zaten tüm hızıyla devam ediyor: "Hayal Hanım, dokunulma korkun var mı?" Bu soruyu duyan Hazal sanki karnına sancı girmiş gibi iki büklüm olup, "hay Hayal kadar başına taş düşsün! Hazal be Hazal!" diye söylenip bir nefeste doğruluyor tekrar.

Hazal: Dansçıyım ben! Ne alakası var anlayamadım! Yani, hayır, yok!

Kurşun: "Yiyecek olmadığı halde yediğin bir şey var mı Nezaket Hanım?"

Fetanet: Çocukken birkaç sefer toprak yemişim. Mürmür Bey!

Telve: İkinci kısım içinden tabii.

Bakla: "Alerji yaptığı için yemediğin bir şey var mı?"

Nesrin: Balkabağı!

Kurşun: "Gıdıklanır mısın?"

Hazal: Gerçek anlamda mı?

Nesrin: Çoook!

Fetanet: Yuh!

Kurşun: Memur nefes almadan soruyor da soruyor.

Telve: "Hayatınızın herhangi bir noktasında size akıl hastalığı teşhisi kondu mu?"

Fetanet: Hoppalaaa!

Telve: "Konmadıysa ailenizde akıl hastalığı geçmişi var mı?"

Fetanet: Pardon ama bir şey soracağım Birmir Bey, soru hakkınız sınırsız mı sizin acaba? Yani hangi yasal çerçevenin içerisinden bana bu kadar özel sorular soruluyor şu an?

Telve: Memur başını bile kaldırmadan, gömleği gibi ütülü ve tiril tiril profesyonelliği de elden bırakmadan, "soru hakkınız yok sizin şimdilik, sınırı geçtikten sonra eğer kötü muamele gördüğünüzü düşünüyorsanız yasal süreçlere başvurabilirsiniz" diyor.

Kurşun: Saçıldın yine telve gibi!

Bakla: İnsan teninin geçirgen yapısına rağmen dışarının renklerini, kokusunu içine sızdırmayan rahim, 507 için karanlık bir mezar gibi.

Kurşun: Nesrin'in anneliği şöyle böyle konforlu ama, ıssız. 507'nin annesine aşağı yukarı sinir krizi geçiren bütün göçmen kadınlara konulan bipolar bozukluk ya da sınır kişilik bozukluğu tanıları yakıştırılmamış henüz.

Telve: Demir pençesi manikürlü New Stockholm bürokrasinin, çok nazardan irin tutmuş gözleri henüz Nesrin'e değmemiş yani.

Bakla: Böyle tanılar biraz daha önceleri New Stockholmlü kadınlara histeri adı altında konurdu.

Kurşun: Dedik ya hani bu saç örgüsü gibi hem dağınık hem dolaşık üç kadın, eteklerinde üç düğümle geldi diye. Şimdi sıra geldi bu uzun girizgâhtan sonra ilk düğümü anlatmaya.

Telve: İlk düğüm üç ayrı zamanda üç aynı gümrük memurunun kaşının ucunun, bu yarı resmi sorgunun tam da aynı anında hafifçe kalkması ile başlar.

Kurşun: "Hiç suç işlediniz mi? İşlediyseniz bu suçun doğasını, bu suçu işlediğiniz yeri ve zamanı detaylarıyla belirtiniz."

Bakla: Hazal, neyle suçlandığını idrak edemediği o uzunca iddianamenin içinde buluyor kendini yeniden, gözleri dalgın.

Telve: Nesrin elini bilinçsizce karnına götürüyor. Karnındaki 507 o elin sıcaklığını hissediyor. Annesinin elinin ısıttığı su sanki dalgalanıyor da tuhaf bir çalkantı yaratıyor. Bu çalkantının coşkusuyla, rahmin suyu içinde taklalar atmaya başlıyor. İçinden yükselen sevinç Nesrin'i hıçkırtıyor. Bu hıçkırık, dilini damağını kurutup gözbebeklerini büyütüyor, üstüne bir de memur soruyu bir kez daha tekrarlayınca...

Kurşun: Dadadadaaaam! Nesrin dayanamayıp oracıkta kusuveriyor.

Bakla: 2016'da ise sorgunun tam da bu noktasında Hazal'ın sol memesindeki kaşıntı artıyor ve teyzesinin okuyup üfleyerek sütyeninin içine diktiği pirinçlerden haberdar olmadığı için kendisini uyuz sanıp karantinaya alacakları korkusuyla tırnaklarını kemirmeye başlıyor.

Kurşun: Eliniz niye hep göğsünüzde hanımefendi?

Telve: Tırnaklarınızı kemirdiğinize göre gizlediğiniz bir şey olsa gerek bayan.

Kurşun: Pişt! Ne oluyo bakayım orda?

Bakla: Kafasının içinde bu cümleleri akıtıp da tedirginliğini büyütürken, o an arkasındaki kuyruktan burnuna uzanan mis yasemin kokusu böyle omzuna değmiş hafif ve şefkatli bir el gibi onu sakinleştiriyor.

Telve: 507, bu kusuşun onun dışarıya çıkması için bir işaret olduğunu düşünüp ayaklarını annesinin karnına dayıyor.

Bakla: Bu kusmanın üstüne Nesrin'in naif heyecanıyla karnına temas hamleleri memurun aklına düşen çeşit çeşit komplo teorilerine cila oluyor. Memur gözündeki gözlüğü burnunun üzerine indirerek Nesrin'e yalnız olduğundan emin olup olmadığını soruyor.

Telve: Nesrin karnındaki kızı ve iç organları dışında kusabileceği bir şey kalmayınca, başını kaldırıp gülümseyerek memura bakıyor. Cevval memur, gözünde üç vakte kadar geleceğine emin olduğu terfinin ışıltısıyla, Nesrin'in bu gülümsemesine, boynuna asılı olan düdüğü öttürüp gümrük polislerini çağırarak karşılık veriyor. Bütün bu gürültüleri duyan fakat ne olup bittiğini anlayamayan zavallı 507 suyun içinden ses vermeye çalışıyor.

Kurşun: 2046'da ise Fetanet sözde çipsizliğinden sebep yapılan çıplak sorgunun ardından, 2016'da Hazal'ın hatır hatır kaşındığı, 1960'ta ise Nesrin'in içinin dışına çıktığı o yerde giyinikken bir daha sorguya çekiliyor.

Bakla: *(Memur)* "İkna olamadım."

Fetanet: Neye?

Bakla: *(Memur)* "Pasaport yerine geçen çipsizliğinizin gerekçesine."

Fetanet: Onun yerine geçen belgelerim var ama.

Bakla: *(Memur)* "İkna edici değil."

Fetanet: Bir yıldır toplamaya çalıştığım yetmiş üç adet imzalı, mühürlü, taahhütlü belge?

Bakla: *(Memur)* "Güven verici değil."

Kurşun: Bi ara başı dönecek gibi oluyor, her şey bulanıklaşıyor, Fetanet ayağa kalkıp gitmek istiyor. Sonra böyle onu sağından solundan zarifçe kavrayıp geçen bi esinti hissediyor, adını koymaya çalıştığı bir çiçek kokusu bu esintiyle beraber yüzüne çarpıp onu kendine getiriyor.

Fetanet: Yasemin mi bu?

Bakla: Diye içinden geçiriyor. Sırtı dikleşiyor Fetanet'in. Hem zaten nazar değmiş gözünden sebep olağan şüpheli olmaya alışkın. Bu muameleye yenik düşecek his yok onda, çocukluktan talimli böyle şeylere ne de olsa.

2. Karşılaşmalar

Kurşun: Fakat meselemiz şu an o değil; meselemiz şu an şu ki, az önceki yasemin kokusunun ucundan tutup gidersek, Fetanet'in sınırdan geçerken ön göremeyeceği ama er geç işleyeceği suçuna geliyoruz. Yani gümrük kapısını geçtikten sonra bütün bu kadınları birbirine bağlayan karşılaşma hikayesine.

Bakla: Üniversitenin arşiv odası. Odaya girmek için çift göz taraması şart. Fakat Fetanet'te onlara tarattıracak çift göz yok! Onun yerine arşive her girişinde kan tahlili yapması gerekiyor.

Telve: Fetanet bir gün dijital arşiv odasındayken ekranda turkuaz bir sinyal ışığı yanıyor ve sistem ona kendi DNA'sı ile uyuşan bir dosya olduğunu söylüyor.

Bakla: Dosyanın sahibi Fetanet'in yarı-teyzesi. Yarı-teyze ne demek? Yani dosyanın sahibi Fetanet'in dedesinin kızı ama Fetanet'in babaannesinin kızı değil. Fetanet'in yarı-teyzesi kim: 507.

Telve: *(Seyirciye)* Duydum duydum! "Ah ya cincoşlar! Bu akrabalık çukuruna neden çekiliyoruz şimdi." diyosunuz di mi. Şöyle ki, bu Fetanet'in dedesi Cemil'in, hem de evli ve de barklı iken, kendi hukuk bürosunda stajını yapmakta olan aile dostlarının kızı Nesrin'le bir ilişkisi olmuş. Cemil o zaman 45 yaşında, Nesrin ise 20. Nesrin hamile kaldığında Cemil, kürtaj diye tutturunca, Nesrin yaptırdığını söylemiş. Sonra hooop gizlice belgelerini hazırlayıp New Stockholm'e gelmiş. 507 de karnında tabii.

Kurşun: Bu akrabalık, öyle kendiliğinden değil de, Fetanet sistemin yazılımına biraz müdahale edince açığa çıkıyor aslında. Bu genetik eşleşmenin verileri eline geçtikten sonra simülasyon odasına giriş yapma heyecanı içine giriyor Fetanet. Çünkü burda 507'nin simulasyonu ile buluşması mümkün. Yasal bir giriş değil bu tabii.

Bakla: Şimdi Fetanet bayağı bayağı arşivi hackleyecek, kapalı devre olduğu sanılan yazılıma sadece kendisinin girebileceği bir arka kapı açmanın yolunu bulacak. Dışarıdan. Arşivin dışından arşivin içine ulaşan ve erişimi sınırlandırılmamış bir gizli kapı. Aslında tamamen tesadüfen keşfettiği bu küçük ve saçma algoritmik gedik, nazar değmiş göz yuvasından dalga dalga bir migren yayılmasına sebep olacak günlerce. Fetanet bir gün kendi migreninin ucundan tutup kendi belasına doğru yol almaya karar verecek. O yolun nasıl alındığını görmeniz lazım.

Fetanet: New Stockholm Genetik Göç Arşivi Sistemi, Yazılım no 10.3. Sesime ses ver.

Telve: Fetanet'in heyecanla dizleri titrerken bilgisayarda turkuaz bir ışık ona göz kırpar. Bilgisayar Fetanet'i suça tahrik etmektedir açıkça. Arka kapı açıktır. Fetanet'in ağzı sulanır, tek göz bebeği büyür, kalbi 170'i vurur.

Fetanet: 507 numaralı dosyayı aç ve sanal konuşma odası için kurulumunu tamamla. İlginç, sistem beni doğumdan ölüme istediğim tarihe atabiliyor. Bu özelliğin tanımlandığını bilmiyordum... 1968 lütfen!

Bakla: Şimdi bu tarihte Nesrin 28, 507 ise 8 yaşında görünüyor. Simulasyon odasında Fetanet ve 507 yüksek tavanlı bi evin duvarı önündeler. Sıradışı çizgilerin olduğu bi duvar. Küçük kız daha yukarılara erişsin diye duvarın önüne metal bi merdiven konulmuş. Boyundan büyük bi merdiven. Basamakları tırmandıkça renklerin de büyüdüğü bi merdiven.

Çocuk 507: Tepemde nefes alıp durmasana.

Fetanet: Bana mı dedin?

Çocuk 507: Bak kırmızı boyam bitti diye annem benim için pancar kaynattı.

Fetanet: O nerde? Annen yani?

Çocuk 507: İçerde, ağlıyor.

Fetanet: Ağlıyor mu? Neden?

Çocuk 507: Onu ülkesine göndermek istiyolar.

Fetanet: Senin ülken değil mi orası?

Çocuk 507: Yok, ben burda doğdum. Beni burda tutacaklar.

Fetanet: Sen kalsın istiyor musun?

Çocuk 507: Polisler isterse kalır. Hem kalırsa resim yapmaya devam ederiz.

Fetanet: Resim dersi mi veriyor sana?

Çocuk 507: Her şeyi annem öğretiyor. Tek öğretmediği New Stockholmce. Ama ben öğrendim.

Fetanet: Nasıl yani?

Çocuk 507: Annemin olmadığı yerlerde konuşabiliyorum.

Fetanet: Ya annen?

Çocuk 507: Belki benim olmadığım yerlerde konuşuyordur.

Nesrin: *(Seslenir)* Suzaaan! Kiminle konuşuyorsun?

Fetanet: Suzan mı senin adın? Annen mi o seslenen?

Çocuk 507: Siktir!

Fetanet: Ne? Ne dedin sen?

Kurşun: Burada şunu da nakletmeli, Nesrin yalnız olduğunu söyleyip New Stockholm'deki yeni hayatına başladıktan sonra henüz işlenmemiş suçlar kategorisinden suçlu bulunuyor.

Nesrin: Ha siktir!

Kurşun: Anne babasının emek emek bakıp büyüttüğü, ülkesinin en modern, en yüzünü batıya dönmüş okullarında okuttuğu, görgüsü ve terbiyesiyle baş döndüren Nesrin, ömrünün ilk siktirini işte o gün çekiyor. Doğum sonrası, hamile olduğunu beyan etmeden New Stockholm'e girdiği için sınır dışı edilmek isteniyor. Fakat 507'nin, annesinin koyduğu ismiyle Suzan'ın, New Stockholm vatandaşı olarak doğması sebebiyle devletin "en iyi imkânlarıyla" büyütülme hakkı baki. Sonuçta Nesrin kendi doğurduğu çocuğu bile olsa 16 yaşın altında bir New Stockholm vatandaşını New Stockholm vatandaşı olan bir ebeveynin izni olmaksızın ülke dışına çıkaramaz. Ortada New Stockholm vatandaşı olan bir ebeveyn olmadığına göre, Nesrin gitmeli, 507 kalmalı.

Nesrin: Ha ssiktir!

Bakla: Nesrin çok başarılı bir avukat. Çatır çatır alıyor yeterliliklerini ve bir hukuk bürosunda çalışmaya başlıyor. Vatandaş olmadığı için avukat olarak değil, danışman olarak geçiyor adı. Onunla beraber çalışan New Stockholmlü avukatlar onun bilgisi ve donanımı sayesinde davalar kazanıyorlar ha bire, bu başarıları tabii ki teğelsiz dikişsiz hemen kendilerine mal ediyorlar.

Nesrin: Ha sssiktir!

Kurşun: Nesrin ise çocuğunu bırakmamaya kararlı. Sıkıyor dişini, öğrenci vizesini yarı zamanlı çalışan vizesine çevirebildiği an hemen hukuki süreci başlatıyor. İki sene çalıştığı büro kendini iyice naza çekip Nesrin'in emeğinin ve aklının suyunu çıkardıktan sonra bir zahmet ancak bir sponsorluk mektubu yazabildiğinde olabiliyor tabii bu.

Telve: Hukuk bürosunun Nesrin'e adaletli davranmak ve hakkını teslim etmekten yana kendini aşırı naza çektiği o kritik dönemde ona ofisi temizletiyorlar, kahve, çay yaptırıyorlar ve onu medeni dünyaya entegre edebilmek için tuvaletten çıkınca ellerini yıkamasını falan tembihliyorlar.

Kurşun: Bütün bunları hep o dudak kaslarını yukarı doğru çeken, ısırdığında derin ve keskin izler bırakacağı mesajını veren, diş macunu reklamlarındaki gibi ışıltılı bembeyaz dişlerin ışıksız ölü gözleri örtmeye çalıştığı pasif agresif gülümsemeleri ile yapıyorlar.

Bakla: Bunlar ola dursun, Nesrin bir yandan da eski ülkedeki aileye haber gidecek korkusuyla uykusuz geceler geçiriyor, yemeden içmeden kesiliyor; yine de ne kendi davasının ne de danışmanlık yaptığı müvekkillerinin davalarının peşini bırakıyor.

Kurşun: O sırada yıl 1972'ye varıyor, tam da o zaman Nesrin'in çocuğunu kaptığı gibi bütün toplum baskısına ve politik tehdite göğüs germek pahasına memleketine dönesi geliyor. O kapıdan o şekilde çıkarsa New Stockholm'e bir daha dönemeyeceğini çok iyi biliyor tabii ki, ama artık o bir omuz silkme ustası. Fakat memlekette bir muhtıra çekiliyor ve o vakit bütün tanıdıklar *sakın dönme* diyor Nesrin'e. "Orada taş taşı, aman dönme".

Bakla: New Stockholm'e gitmişlere dönmemeyi tembihlemek Nesrin'lerin ülkesinde bir ata geleneği.

Telve: Nesrin dönemiyor. Yıllarca sürüyor Nesrin'in New Stockholm devletiyle arasındaki dava. Her celsede anneliği sorgulanıyor; ihmalle, yetersizlikle suçlanıyor. Nesrin kilodan düşüyor, ama güçten düşmüyor. 507'nin New Stockholm kültürüne uygun yetişip yetişmediğini görmek için sosyal hizmetler yetkilileri çat kapı evlerine baskınlar yapıyor. Nesrin evde perdeleri sıkı sıkı kapatmaya, sokakta arkasına bakarak yürümeye, bir süre mahkemeye gitmek dışında sokağa adımını atmamaya başlıyor.

Kurşun: Balkonu tarlaya, evini okula çeviren Nesrin gündüzleri 507'yi gözünün önünden bir an bile ayırmıyor. Geceleri olur da gözünü bir anlığına yumacak olursa çığlık çığlığa kabuslarla uyanıyor. Bu evden yükselen çığlıklar yüzünden komşular polise gidince New Stockholm devletinin eli iyice güçleniyor.

Nesrin: Siktir siktir siktir siktir siktir!

Bakla: Dört bir yandan kapana kısılan Nesrin, son müvekkilinin davasını da kazandırıp eve döndüğü o gün, bu başarıda hiç tuzu olmayan New Stockholmlü avukat arkadaşlarının kendi kendilerini kutlamak için yaptıkları partiden kimseye veda etmeden ayrıldığı için çok ayıplanıyor.

Telve: Masasının başına oturup yazılı ve görsel basında akla gelebilecek yerel ve yabancı bütün kurumlara yıllardır verdiği hukuk mücadelesini anlatan detaylı mektuplar yazıyor. Artık bir deri bir kemik kaldığı için oturduğu sandalyenin tahtası poposunu acıtıyor.

Bakla: Ertesi gün kahvaltı sofrasında 507'ye bu mektupları postalama görevini veriyor. Annesinin dizinin dibinden ayrılmasına izin vermediği 507, bu küçük özgürlük alanını bulunca havalara uçuyor, mektupları kaptığı gibi postanenin yolunu tutuyor.

Kurşun: O gün, 507 tam 12 yaşındayken annesi Nesrin kendine kurduğu mükellef kahvaltı sofrasında ne var ne yoksa yiyor, üstüne şekersiz bir de köpüklü kahve içiyor ve ona dayatılan bu hayata son siktirini çekip kendini asıyor.

Bakla: Mektubunun sonunda ise ilgili basın mensuplarının lütfen kendi ölüm haberini işbu iliştirdiği beyanatı ile beraber yayınlamalarını rica ediyor.

Telve: Neyse ki Fetanet bu intihara şahit olmayacak ve aklında 507'nin sekiz yaşındaki hali ile simulasyon odasından çıkacak o ilk gün. Ama araştırması sayesinde, Nesrin'in ölmeden önce yazdığı mektuplardan haberdar olacak ve bu mektuplar sayesinde farklı ülke topraklarında doğan annelerle, New Stockholm'de doğan çocukları ayıran yasanın değiştiğini öğrenecek.

Kurşun: 507 ise Fetanet'i, yani ona yapayalnız çocukluğu boyunca zaman zaman gelecekten bir hayalet gibi gözüken ve kaybolan bu tek gözlü kadını, aklının uyuşturucu kullanmadığı zamanlarda yaşadığı metafizik deneyimler kısmına yerleştirecek. Arada gidip gelip çocukluk rüyalarından kalma bu tanımadığı kadını tanımaya çalışacak, bazen de — özellikle 1980'li yıllarda New Stockholm'ün yeraltı saykodelik-punk-elektronik müzik dünyasının önemli bir divasına dönüştüğünde — resimlerinde tek gözü olmayan sayborg bir kadını defalarca çizecek, hatta bu çizimler gediklisi olduğu bir barda *"sayborg sayklops medusa"* adlı meşhur bir kokteylin oluşumuna ilham olacak.

Telve: 2051'de ise Fetanet kırk yılın başı bölümden arkadaşlarıyla yemeğe çıktığında çok merak etse de bir sonraki gün kan tahlilinde alkol çıkacağı için bu kokteylden içemeyecek.

Bakla: Ah ama dur! Suç demiştik değil mi?

Kurşun: Suç! Eh tabii, göbek bağı dediğin illa ki suçtan yana düğüm olur, bir de düğüm olmaya görsün, Gordion düğümüdür o artık.

Telve: Yıl 2014 ve Hazalcık yeraltı suları gibi taze, ferah ve heyecanlı. New Stockholm'e gitmek fikri henüz aklına düşmemiş.

Bakla: Çiçek kokulu evinden YouTube kanalına yeni bir video yüklüyor bak.

Kurşun: Başını fazlasıyla ağrıtacak iddiaların kaynağı olan bir video bu.

Telve: Ağrının müsebbibi Kalp Kalbe Karşı Çiçeği ve verimli saksı toprağı.

Bakla: Videoyu 7. Dakikası itibariyle oynatalım lütfen. Bu arada güzel Telvecim ve Kurşuncum siz de Hazal'ın videolarına gelen yorumları okur musunuz, lütfen, rica etsem, bir maniniz yoksa? Şimdiden çok teşekkürler.

Kurşun: Ah hep bu bizim kadınlar yüzünden. Dillerinde hep bin rica, binbir özür.

Telve: Eh tabii, gelince ilk bunu öğrenmek lazım çünkü. New Stockholm'de ricasız, özürsüz, teşekkürsüz cümle kur, sana dudaklarını sımsıkı bastırıp gözlerinin ucuyla öyle bir bakarlar ki, kendini çırılçıplak hisseder utanırsın. Hazal öyle diyor.

Kurşun: Sen saçılmaya, sen de tohum saçmaya bir saniye ara verirseniz şu hikayeyi anlatalım lütfen! Yorumları oku de geç işte.

Telve: Söyleyene bak hele, biz mi patlayıp dağılıyoruz sanki?

Bakla: Öhö! Video demiştik!

Hazal YouTube videosu çerçevesi içinde görünür.

Hazal: ... fırsatını yakalar yakalamaz botanik bahçesine koştum. Merak etmeyin, çekim de yaptım, sizlerle paylaşırım diye. Şimdi asıl konumuza gelelim. Bu hafta size Kalp Kalbe Karşı çiçeği dikim aşamalarından bahsedeceğim.

Telve: *Mehmet1071:* Örgütünüzün adını böyle isimlerin arkasına gizleyebileceğinizi mi sanıyorsunuz hanımefendi. Sizin bir çiçek olmadığınız ortadadır!!!!

Hazal: Böyle küçük küçük kestiğim teller var elimde. Şöyle yaprağın güzel gözlü olanının ucunu toprağa bastırıp büktüğüm telle tutturuyorum. Buna daldırma yöntemi diyoruz. Bu yöntem park bahçecilikte bitki çoğaltmada çok kullanılır. Özellikle sarılmayı seven, tırmanıcı, kavrayıcı bitkilerde çok güzel sonuç alabilirsiniz.

Telve: *Ahikoç1254:* Sapıklığınız, hainliğiniz bitmiyor. Çiçeklere böceklere kadar sulanıyorsunuz.

Hazal: Bu kucaklayıcı bitkinin kökünden koparmadan sadece dallarını toprağa koydum. İki yaprağın arasında gözleri var. Toprağı tutunca zamanla büyüyüp yumru oluşturacak ve oralarda yeni dallar büyüyecek. Çoğalmanın, doğmanın büyüsü bu küçücük alanda.

Kurşun: *BüyükResmiGörenKüçükAdam:* Anlamadık sanmayın bayan. Göz, hainlere haber götüren muhbir, kök kurulmak istenen cumhuriyet. Kurdurmayacağız!

Hazal: Topraktan hedeflediği verimi alamayanlar var bu sene. Belki de bu yüzden, bitkinin ve toprağın nasıl daha verimli hale getirileceğine dair o kadar çok soru geldi ki sizlerden, biraz da ondan konuşalım, olmaz mı? Anladığım kadarıyla birçoğunuz büyük şehirde küçük balkonlu evlerde oturuyorsunuz ya da balkonunuz olmasa da pencere kenarlarını mümkün olduğunca bahçeye dönüştürmek istiyorsunuz.

Telve: *Mücahit66:* O küçücük fıçıcık içi dolu haincik balkonları bahçeye!!!Yersen!!! dönüştürmenize izin vermeyeceğiz.

Hazal: Benim bi balkonum ya da bahçem yok ama daha önce de söyledim ya şehirdeki bostanlarda çok zaman geçiriyorum.

Telve: *Bozkurt41:* Kafa bulunan yerlerdir bostanelikler. Bostanlıklar !!!fuhuş!!! Yuvasıdır!!!!

Hazal: Özellikle gübreleme konusunda iyi yol aldım. Ha ayrıca evimin içindeki yeşillikler de hiç fena değil. Fonda gördüğünüz gibi yeşil bi laboratuvara dönüştü küçücük ev. Dans prova edecek alanım kalmadı. Şurda iki parende atmak deveye hendek atlatmaktan daha zor. Parklarda bahçelerde yapıyorum provalarımı.

Telve: *İhbar6406:* Hendek!!! Laboratuar!! Hımmmm!!!

Kurşun: *İhbar6406'*nın yorumunun altına yapılan yorumlar: Bu kadının ideolojik dans videolarını da biliyoruz. Neyin provası o? Kim bilir ne haltlar çeviriyor evde... Zaten ev felan değil orası aq. Hürce hücre!!!

Hazal: Özetle, bitkinin toprağını sevmesi mühim. Tabii bazen bu sevgi bağı hemen kurulamıyor. Bitkiler solabiliyor, çürüyebiliyor, böceklenebiliyor. O zaman bi takım müdahaleler gerekiyor. İşe, vitamini ve minerali eksilmiş toprağı güçlendirmekle başlayabilirsiniz.

Telve: *Ahi1298745950:* Senin toprak güçlendirmekle neyi kastettiğini bilmediğimizi mi sanıyorsun bölücü. Katıldığın eylemlerin görüntülerini unuttuk sanma. Sizin gibiler sanatçıyız, çevreciyiz deyip ülkeyi bölüyorlar. Ama bölemezsiniz, o toprakları güçlendiremezsiniz.

Bakla: *(Telve'ye)* Aaa yetti ama artık.

Hazal YouTube çerçevesinden çıkar.

Bakla: Hazal New Stockholm'ün kırsalında meyve toplama sezonu bitince şehre dönecek, çocuk ve yaşlı bakımından bulaşıkçılığa birçok işi deneyimleyecek, hepsinin üstesinden gelebilmenin gururuyla hiçbiriyle yaşam maliyetini karşılayamamanın şaşkınlığını beraber yaşayacak. Ama neyseki vergi kaçıran patronunun önerisiyle kazancına kayıt dışı çalışma saatleri de ekleyerek nakit para biriktirecek. Tam da bu parayla daha konforlu bir yere taşınma planı yaparken, bir gün metroda sırtında taşıdığı evi soyulacak, bilgisayarını, fotoğraf makinesini, pasaportunu ve bütün parasını çaldıracak. İfadesini alan polis "bu kadar nakit ne ayak?" diyecek korkusuyla bu paradan söz bile edemeyecek.

Telve: Burada Hazal'ın 507 ile karşılaşma hikayesine geldi sıra. Ama önce 507'nin sanatını biraz anlatmamız lazım. Adeta kahve falının yürekten taşıp kabarması, yol yol kendine yol açması, haber getiren kuşlar ve kısmet getiren balıklarla beraber gelecekten haber vermesi gibi 507'nin resimleri de kaderi gibi yoğun, oymalı ve karmaşıktı.

Bakla: Bu karmaşık resimler adeta sarmaş dolaş olmuş sevgililer gibi, birbirine dolanmış saçlar gibi, koca çınarları kurutan zehirli sarmaşıklar gibi, rahimde kardeşini göbek bağıyla boğan ikizler gibi düğüm düğümdü.

Kurşun: Amma velakin, bu dolaşık göbek bağlarından sebep, ana rahminin duvarlarını tazecik bir tutkuyla süsleyen 507, New Stockholm'deki ömrünün 59. yılında uluslararası çalışan çok büyük bir bankanın, New Stockholm belediyesinin, New Stockholm'un bağlı olduğu devletin, hatta New Stockholm'un bağlı olduğu imparatorluk üst kurulunun maddi desteği ile yönetilmekte olan, sanat piyasası için aşırı derecede belirleyici dev gibi sergi binasının ortasında birden durakaldığı anda, bir sanatçı olarak bütün kariyerinin en önemli retrospektif sergisine nedense büyük bir iç sıkıntısı ile bakacaktı.

Bakla: Ürettiği işler şöyleydi:

Kurşun: Halı desenleri, kırılmış kahve fincanları, fotokopisi çekilmiş rastgele hat ve tezhip sayfaları, internetten bulunmuş ve birbiri ile ilgisiz sağdan soldan protesto videoları, üstüste konulmuş ayakkabılar, renkli minyatür tabutlar, eski ülkenin ilk ve son başbakanının üst üste montajlanmış ne idüğü belirsiz bir videosu, tellerinin üzerine sansür bandı çekilmiş bir adet halk müziği enstrümanı, üzerine âdet kanı sürülmüş bir adet pembe saten el işi geleneksel yorgan...

Telve: 507'nin konseptini New Stockholmlülerin ön yargıları ile dalga geçmek üzerine ince bir mizah ve ironi ile kuracağı sergisi New Stockholmlülerce —

Bakla: *(Sözünü keserek)* "uzak ülkelerde yaşayan zavallı vahşiler" ile "tabii tabii oralarda hâlâ patriarka varmış ve çok tatsızmış" arasında gidip gelerek gezilecek ve 507'nin hiç gitmediği uzak ve illa ki ilkel ana yurdunu en gerçek ve en doğru şekilde temsil ettiğine yürekten inanılacaktı.

Yetişkin 507: Hafızamdaki en uzak ve yakın anılardan bir iş çıkarmamı istemiş, sosyal medya anketine katılanlardan biri, retrospektif sergim için. Mesleği gümrük memurluğuymuş. Seni mi kıracağım be sevgili gümrük memuru? Bakalım bir... 17'imde yerleştirildiğim yetimhaneyi yaktım. Annem kendini öldürünce ben de onun dilini hafızamdan sildim. Sokaklarda duvarlara resimler yaptım. İtildim kakıldım, bazen de alkışlandım. Ama kalbim hiç böyle etimden fırlayacak gibi atmamıştı.

Bakla: 507 çok başarılı olup hiç anlaşılmayarak kalbini harbi kıran sergisinin önünde sigarasını tüttürmek istese de, bu çok gelişmiş ülke kanunlarınca yasaklandığı için sigara yerine kahve içmeye karar verir. O kahve dükkânının yanındaki izbe ara sokakta vahşi ve hırçın ve kırılgan ve narin elleriyle sigarasını saran kadını yani Hazal'ı görünce ise donakalır. Çünkü Hazal'ın aralık ağzından dökülen temiz bir "siktir", 507'nin ensesindeki telverengi soru işareti şeklindeki lekeyi sızlatır.

Telve: Annesinden daha küçücükken öğrenmişti siktir çekmeyi 507, bildiğiniz üzere tesbih çeker gibi siktir çekerdi Nesrin arabesk bir melodram filminden çıkıp da hayata karışmaktan hiç çekinmemiş bir baş karakter gibi.

Kurşun: Nesrin kendisini ezen sisteme, sülük gibi yapışan aile baskısına, bir boka yaramayan içi çürümüş eski sevgilisi Cemil'e, tacizcisine polisine, sömürgecisine ve yine sömürgecisine, sık sık ve pek güzel siktir çekerdi.

Telve: Nesrin'in siktirleri ağuluydu, çünkü kalbi temizdi.

Kalbi temiz olanın siktiri yedi nesil sonra bile, mutlaka tutar.

Kurşun: Bundan olsa gerek, "ah!" niyetine çektiği siktirlerden dolayı ölümünden çok sonra bile Cemil'in gözünün nuru olan küçük torunu Fetanet'e büyük nazar değdirmişti.

Telve: New Stockholmce'de şey diye bir deyim varmış ya hani, *kurşundan sıyırmak* gibi bir şey oluyor çevirince, ucuz atlatmak anlamında kullanılıyor. 507 söylemişti.

Hazal: Ucuz atlatmak da ata sporudur bizde. Misal böyle çat diye yanından ya da içinden bi kurşun geçebilir. Ucuz atlatamadıysan, kural gereği kurşunun önünde ne işin vardı diye sorgulanabilirsin. Sırtına evini alıp başka bir diyara göçe teşvik edilebilirsin. On kusurlu hareketten birini yaptığına kanaat getirirse merkez hakem kurulu, belirsiz bi süre için yaşam hakkından men edilebilir, takımdan ayrı düz koşuya zorlanabilirsin. Şartlar güç, ama eğitim şart belli ki.

Bakla: Hazal bu yüzden 2013 Haziran'ında henüz Fetanet greyfurtta vitaminken Fetanet'in anne ve babasını bir gaz ve toz bulutunun içinde öyle eliyle koymuş gibi bulup kurtarabiliyor.

Kurşun: Fetanet'in anne ve babası henüz tanışmıyor o zaman, ikisi de gencecik iki üniversite öğrencisi ama aynı sokaktan geçer bulunuyorlar aynı vakitte, geçer bulundukları yere aniden çokça gaz atılıyor, ikisi de şok içinde donakalıyor nereden geldiği belli olmayan palalı adamlar aniden peyda olup onlara doğru koşarken.

Telve: İşte o zaman Hazal bunları kendi sığındıkları müzik enstrümanları dükkânına bir kavrayışta çekip alıyor, bir de fırça çekiyor bunlara:

Hazal: Ne yapıyorsunuz aval aval öyle! Kaçsanıza! Saklansanıza!

Kurşun: Sonra Hazal basıp gidiyor bayılanlara bakmaya, ama bu ikisi birbirlerine bakıyor. Bakakalıyor.

Bakla: Bakış o bakış. Fetanet'in tohumu asıl o bakışta atılıyor.

Hazal: 507 ne? 507 ne ya! Siktirsin gitsin! İnsan mı, yoksa arşivde bir dosya numarası mı bu kadın? Hayır ne yani? Ay dur sinirden gözüm yanıyor.

Kurşun: Çünkü 2017 yılında sigara molasına çıkmış Hazal'ın, telefonda eski memleketinden bir arkadaşıyla şu karşı galerideki gıcık olduğu sergiyi çekiştirirken öfkeyle savurduğu dumanlar gözüne kaçıyor bunu söylediği sırada.

Hazal: Hızır Lokması dağıtıyorlar sanki, şu kuyruğun uzunluğuna bak! Gören de sanat deyince akan sular duruyor, herkes ona koşuyor sanacak! Sırf *çok otantik tabii ama bizim muasır medeniyet seviyemizin sanatçı üzerindeki etkisi de yadsınamaz,* diye gerinebilmek için şu düştüğünüz hale bak! Hashtag sergiye gittik, hashtag kültür kattık, hashtag rengarenk! Siktirin gidin topraklarının suyu çekilesiceler! Soyunuza kıran girsin!

Kurşun: Hazal'ı uzaktan izliyor biraz 507. Hazal fark ediyor bu yaşlı ve yıpranmış gibi görünen hippi kılıklı kadını ama umursamıyor. Telefondaki arkadaşına içindeki hıncı biraz daha tüm harıyla döktükten sonra öpücük sesleri ve yumuşak bir gülümsemeyle telefonu kapatıyor. Bunun üzerine zamanlamanın en önemli hayatta kalma tekniği olduğunu bilen 507 lafa giriyor.

Yetişkin 507: Verebilir misin bana da bir sigara?

Hazal: Aa! Bizim ordan mısın sen?

Yetişkin 507: Neresi sizin?

Hazal: Yok değilsin. Dilinden belli. Burda doğmuşsun sen. Anan baban bizim ordan.

Yetişkin 507: Neye kızdın sen?

Hazal: Şu sergiye. Gittin mi?

Yetişkin 507: Gitmedim. Sen?

Hazal: Gitmez olaydım! Hesapta bizim ordan biri, hesabını New Stockholm'de kabartıp bizim oraları New

Stockholm'e diri diri gömüyor.

Yetişkin 507: Beğenmedin mi?

Hazal: Neresinden tutsam elimde kalıyor, nesini beğene-
yim? Bir de sanatçının bizim oralı olduğunu duyanlar
gelip bana övgüler düzüyor onun hakkında, sonra da
böööyle gözlerini gözlerime dikip gözyaşı filan arıyolar.
Ben o arada çiğ, omurgasız, ruhsuz, çalsız, donsuz,
tıynetsiz filan diye saydırırken kendi dilimde güzelleme-
ler yapıyorum sanıyorlar. Yani top çevirmeye hacet yok,
bok gibi iş! Neyse, sigara istemiştin sen. Al. Hazal benim
adım.

Yetişkin 507: Ben de 507.

Bakla: Buralar hep sessizlik. Bize görünen 507'nin yüzünde-
ki hınzır ışıltılı gülümseme ve Hazal'ın kızaran yanakları.
Sonra sık sık bu sigara molalarında buluşacaklar. Hazal
çalıştığı üçüncü nesil kahveciden aldığı sigara molaların-
da, 507 ise yakınlardaki başka bir galeride mesai saatleri
içerisinde yaptığı "aradığınız sanatçı na-mevcuttur" adlı
performans işinin öğle molasında. Hazal aklına üşüşen
bütün soruları 507'nin önüne yığacak, 507 ona
anadilinde sorulan bu sorulara başka sorular ekleyecek,
günler ayları kovalarken birbirlerine yarenlik edecekler.

Kurşun: Ama aslında 507 kundakçı. Hem de katil. Üstelik
yalancı.

Bakla: Öyle demeyelim de, birtakım sebepler yüzünden bir-
takım olaylara karışmış diyelim.

Kurşun: Hem de adı aslında Suzan!

Telve: Suzan annesi ölünce New Stockholm devleti tarafın-
dan yetimhaneye yerleştiriliyor, burda önüne gelen her
yere kimsenin bir anlam veremediği resimler çizip
duruyor. Yaşadığı travma yüzünden zaptı da zorlaşınca
sürekli ceza alıyor Suzan. Saatler 17. yaşını vurduğu gece
ona ait ne varsa toplayıp arkasına bakmadan yetimhane-
den kaçarken tiryakisi olduğu sigarasını yaktığı kibritler-
le müdüriyeti ateşe veriyor. Suzan da müdüriyetteki
evrak dolabında yanıp kül oluyor.

Kurşun: Öldürüyor Suzan'ı yani.

Bakla: O gün dosya numarası olan 507'yi kendine isim olarak seçiyor. Çünkü öyle de dışlanıyor, böyle de nasıl olsa dışlanacak. Hazal ise 2018'in başında çantasını çaldırdıktan sonra yeniden kimlik çıkarmak zorunda olsa da ülkesinin konsolosluğuna gidemiyor çünkü iddianamesi iyice köklenmiş, dallanıp budaklanmış yokluğunda. Tamamen yasal yollarla yaptığı ülke dışına çıkışı birden yasadışı gibi dahil edilmiş iddianamesine. Çok aranan biri olmuş eski vatanında. Böyle evsiz, yurtsuz ve pasaportsuz iken yolu bir dans kumpanyasıyla kesişiyor Hazal'ın. New Stockholm'ün şarkı söylemeye doyamayan kuşları, koşmalara doyamayan atları, gölgesi güçlü ağaçları da eşlik ediyor kumpanyaya. Beraber yollara düşüyorlar...

3. Cerrah Düğümü ya da Fetanet'in Sunumu

Kurşun: Gümrük formuna yeni eklenen bir soru var 2023 yılında. Bu soruya bütün kadınlar arasında sadece Fetanet cevap vermek zorunda kalacak 2046 yılında.

Telve: "Adalet mi, işlev mi?"

Bakla: O ne be, doğruluk mu cesaret mi gibi?

Kurşun: Yani boyu değil işlevi önemli tabii de, şimdi birden sorunca bir şüpheye düşmüyorum desem yalan.

Bakla: 2046'da Fetanet de bir afallamış önce zaten.

Telve: Sonra pek de düşünmeden,

Fetanet: Adalet.

Bakla: Demiş. Bunu duyan gümrük memuru yüzünü küp küp limonla sirke karışımı içmiş gibi ekşitmiş.

Kurşun: Bu cevapta suç teşkil eden eğilimler görmüş olacak ki gümrük memuru, bundan sebep Fetanet'in bavulunu bir daha aramış.

Telve: Aradan altı sene geçmiş, yıl 2052 olmuş, Fetanet nedendir bilinmez, özellikle bu son soruyu hiç unutmamış.

Bakla: Şimdi bir daha düşünüp verecek aynı sorunun cevabını.

Telve: Bak bak! Şuraya bak, Fetanet bir sunum yapacak sanki. Bir sahne görünüyor burada.

Bakla: Ayyyy! Nasıl içi sıkılmış Fetanet'iiiin! Yüreği ateşte unutulmuş süt gibi kabarıp taşacak sanki.

Kurşun: Göz var göz. Bu kızın üstünde çok göz var. Delik deşik olmuş her yani nazarlı bakıştan.

Telve: Zorlamışlar onu bu sunuma. Çok zorlamışlar, belli belli.

Kurşun: Fetanet en sonunda sunumu yapmayı kabul ettiğinde ise o yazdığı bir şey var, ney o?

Bakla: Sunum şeysi... Yazısı. Dosyası?

Telve: He ondan. İşte onu kaç defa böyle? Yani ben diyeyim yirmi, sen de kırk, —

Bakla: Ben diyeyim otuz beş, sen de kırk beş —

Kurşun: Öhö! En az bir elli kere düzelttirmişler. Kerizyon vermişler.

Bakla: Kerizyon değil o. Atızyon.

Telve: Revizyon?

Bakla: He. Ondan.

Telve: Yaaaaniiii, demeye getirmişler kiii -

Bakla: Sen kim köpek!

Telve: Doğduğun yere bakmadan teori mi yazabileceğini sanıyorsun?

Kurşun: Sayısal veri mi toplayabileceğini hayal ediyorsun?

Bakla: Bizi acıklı ve küçük hikayelerinle eğlendirmene izin verebiliriz sadece, tamam mı?

Kurşun: Dememişler tabii ki.

Telve: Sonuçta New Stockholm burası.

Kurşun: Bunlar reklamda kibar, gerçekte asit tasresyon insanlar.

Bakla: Basit gastosteron o bir kere!

Telve: Ay yok artık! Şeydi o, atıl testosteron!

Kurşun: Öhö! Pasif agresyon!

Telve: Hah, evet! O yüzden kaba laf etmezler.

Kurşun: Kerizyon verirler.

Bakla: Sansür değil. Kerizyon.

Kurşun: Fakat sahne böyledir işte, bir kere oraya çıkıp da bakışı üstüne toplamaya gör, o vakit ne yönetmeni ne rejisi —

Bakla: Ne kerizyonu ne atıl testosteronu —

Telve: Allahı gelse tutamaz Fetanet'i!

Kurşun: Kerizyonsuz konuşacak şimdi Fetanet.

Bakla: Ay o da ne! Bir fısıltı bulutu var tribünlerin üstünde.

Telve: Diyor ki çok rütbeli birileri,

Kurşun: "Haketti, bu kürsüde konuşmayı fazlasıyla haketti kızımız."

Telve: "İyi ki ona bu fırsatı tanıdık."

Bakla: "Tabii tabii sayın rektör. Neyse ki kendisi çok akıllı bir kız da kendisinin bütün bilimsel etik sicilinin buna bağlı olduğunu hatırlatmamıza gerek kalmadı."

Kurşun: Hişt! Susturun şunları! Fetanet sahneye çıktı!

Fetanet: Sayın Tıbbi Beşeri Bilimler Kıtalararası Konferansı katılımcıları ve Demografik Hareketlerin Biyo-Politikası üzerine tanıklık raporları hazırlayan Birleşmiş Milletler temsilcileri, size altı buçuk yıllık araştırmamı beş dakikada sunmamı istiyorsunuz, ki bu bence komik bir oranlama, çalışmam için on bin saat çalıştığımı farz edersek –ki daha fazla çalıştım– altı yüz bin dakikayı beş dakikaya sığdırmaya çalışmak adaletli mi sizce?

Bakla: Hışır hışır, fısır fısır devam ediyor muhabbete tribünler.

Telve: "Tabii tabii sayın komite başkanı, çok haklısınız. Diplomasının da buna bağlı olduğunu hatırlatmamız ayrıca çok iyi oldu."

Fetanet: Beklediğiniz birkaç yargı cümlesi var sanırım, ama çalışmam bundan daha kapsamlı olduğu için bu cümleleri istediğiniz şekilde toparlayamadım maalesef. Bunun yerine önce araştırma sürecime dair birkaç kelam etmek, sonra da birkaç soru sormak istiyorum size, hazır sahneye çıkmışken.

Bakla: Ay dur, en heyecanlı yerine geldik, fısıltıları nakletmeyi boşver iki dakika, bak Nesrin'i ve 507'i nasıl bulduğunu anlatacak şimdi.

Fetanet: Kayıp bir akrabamı buldum ben mesela sizin arşivlerinizde. Bundan sebeptir ki hem kendi ailemin karanlık tarihini, hem de sizin genç bir kadına ve çocuğa neler yaptığınızı ilmek ilmek ucundan tutup söktüm böylece. Çalışmamın adalet ve hukuk çelişkisi tartışmasını bundan sebep kurdum.

Telve: Bak şimdi de Hazal'ı nasıl bulduğunu anlatacak.

Fetanet: Sonra farklı şekillerde kaybedilmeye çalışılmış ama bir türlü kaybedilememiş hemşerim kadınların ellerinin ve ruhlarının değdiği işleri buldum tek tek. Dansları, resimleri, yazıları, size bela çıkardıkları her yerleri. Ama en çok da danslarını, çünkü dans devrimin provasıdır. İşte o zaman çalışmamın direniş felsefesi temelini kurdum.

Bakla: Salona geri dönecek olursak, az önce dehşetle kesilen fısıltılar yeniden başlamış hemen.

Telve: Konuşma son bir dakikasına girerken görünür bir huzursuzluk dolaşmakta artık tribünlerin üzerinde.

Bakla: Bazı kaş gözler yapılır kenarlardaki görevlilere.

Fetanet: Şimdi izninizle sorulara geçelim. Sizin aile tarihiniz devlet arşivinden çıkar mı?

Telve: O sırada mikrofondan hışırtılar duyulmaya, cızırtılar gelmeye başlar, arkadan bir anons yükselir.

Bakla: "Frekans karakteristiğinde yaşanan kaynağı belirsiz bir durum nedeniyle mikrofonlarımızın tamamında geçici sorun yaşanmaktadır. Dinleme konforunu bozan bu aksaklıktan dolayı bütün katılımcılardan özür dileriz."

Telve: Bu anonsun üzerine Fetanet mikrofonu kürsüde bırakır çıkar, sahnenin en önüne gelir. Sesini diyaframa çekip avcunun içine aldığı seyircisiyle arasına hiç mesafe koymadan ve hiç bağırmadan konuşmaya devam eder. Sahnede giderek büyümekte, büyüdükçe New Stockholmlülerde itiraf etmekten çok rahatsız olacakları bir dehşet uyandırmaktadır.

Fetanet: Sizce eğer aile tarihiniz devlet arşivlerinden çıkmıyorsa neden çıkmıyordur? Aile tarihiniz silinip yok edildiği için mi, yoksa aileniz devlete fazlaca entegre olduğu için içeriden istenmeyen bilgileri törpüleyip rötuşladığı için mi?

Bakla: Az önceki kaşlar gözler bir takım mors alfabesi öksürüklerine dönüşür tribünler kısmında o sırada.

Telve: Son otuz saniyeye girilir konuşmada. Özellikle Fetanet gibi konuşması tehlikeli konuşmacıların sahnede kalabilecekleri saniyelerini geriye doğru sayan sahnenin üstündeki dev dijital sayaç kırmızı kırmızı yanıp sönmeye başlar.

Fetanet: Sizce bilgilerinin arşive alındığını bilmeyen insanların üzerine araştırma yapmak ahlaki midir?

Bakla: A-a o da ne? Bir anons daha devreye girer.

Kurşun: "Dinleyenlerin duyusal hassasiyetlerini dikkate alan teknik ekibimiz, ses basınç seviyesini ayarlamaya çalışırken konuşmacımız tercih ederse kısa bir mola alma imkânına sahiptir."

Bakla: Böylece Fetanet sesini bir perde daha indirir, mikrofonsuz, ses sistemsiz, kadın sesine benzemeyen, hatta insan sesine benzemeyen, bas bariton bir sesle bana mısın demeden devam eder.

Telve: Çoğu seyirci ise hipnozda gibidir artık, hem dinlemek istemezler hem de bırakıp gidemezler.

Fetanet: Eğer sizin mahreminiz sizden habersiz devlet arşivine girmişse ve ölümünüzden sonra siz bir araştırmacının projesi kapsamında incelenmişseniz, torunlarınız sizce ne hisseder?

Telve: Tam o sırada böyle kulaklardaki "hassasiyeti" yerle bir eden bir yangın alarmı çalmaya başlar.

Fetanet: Sizce torunlarınızın bu hisleri siyasi olarak önemli midir? Sizce bütün arşivi yakmak mümkün müdür?

Bakla: Dijital sayaçta son on beş saniyeye girilir.

Fetanet: Neden size sonuna kadar açık olan sınır kapıları, akademinin kapıları, sergi salonlarının, tiyatro salonlarının, yayınevlerinin ve söz söylenebilecek her yerin kapıları arşive rakam rakam sığdırmaya çalıştıklarınıza hep kapalıdır?

Bakla: Ve o sırada yangın alarmının tetiklediği tavandaki fıskiyelerden akan sular Fetanet'in cümlelerine karışıp bütün ahaliyi ıslatıyor.

Fetanet: İnsanın kendi kendini anlatma hakkını elinden almak sizce de sömürgeciliğin tanımı mıdır?

Telve: Sahnenin üstündeki dijital sayaç içine kaçan sular yüzünden çok ses çıkarmadan içine kaçarak sönüp ölüyor bu soruya cevaben.

Kurşun: Böylece Fetanet'in sahnedeki son beş saniyesi ölü ekranda asılı kalıyor.

Telve: New Stockholm'de zaman donuyor.

Fetanet: Pek sevgili Dr. Frankensteinlar, yarattığınız canavara birkaç dakika konuşma fırsatı verdiğiniz için bu canavar size asla teşekkür etmiyor.

Bakla: Böylece gözünü kapayan yamayı kaldırıyor Fetanet, her yerden şapır şapır damlayan suların üzerinde yakamoz gibi turkuaz bir ışık dolaşıyor.

Fetanet: Lütfen alkışlamayınız.

Telve: Diyor Fetanet en son, kimsenin bakmaya katlanamadığı sakat gözünü salondaki sıçana dönmüş ve dona kalmış konukların üzerinde gezdirirken.

Kurşun: Böylece herkese nazar değdirdiğini çok iyi bildiği içindir ki, incecik bir gülümseme dans ediyor dudaklarında.

EPILOG

(Bir an. Üç cin de durur.)

Telve: *(fısıltıyla)* Kurtulduk mu?

Kurşun: *(fısıltıyla)* Bilmiyorum ki.

Bakla: *(fısıltıyla)* Nasıl anlayacağız?

Kurşun: *(fısıltıyla)* Biz anlattık, onlar dinledi. Dinlediklerini hatırlamaları lazım, sonra da gidip başkalarına anlatmaları. Ancak o zaman düğümler çözülür, bize de başka hikayeler gelir.

Telve: *(fısıltıyla)* Evet de nasıl emin olacağız düğümlerin çözüldüğünden?

Kurşun: *(fısıltıyla)* Soru soralım.

Bakla: *(fısıltıyla)* Canım sınav mı bu?

Telve: *(fısıltıyla)* Değil.

Kurşun: *(fısıltıyla)* Hikaye bu.

Telve: *(fısıltıyla)* O zaman aklımızda kalanları özetleyelim.

Bakla: *(fısıltıyla)* Hah bak bu olur. Hadi başladığımız gibi bitirelim. *(seyirciye)* Ben Bakla / ...

Kurşun: Ben Kurşun / ...

Telve: Ben de Telve.

Bakla: Bize musallat oldular:

Telve: Nesrin, 507

Kurşun: Hazal ve Fetanet.

Bakla: Başka bir şehre, başka bir ülkeye göç ettiler:

Telve: New Stockholm.

Bakla: Farklı mevsimler yaşadılar:

Kurşun: Bunaltıcı yazlar,

Telve: Rutubetli ilkbaharlar,

Bakla: Ve bitmek bilmeyen kışlar. Eteklerinin gölgesi sadece sonbahar rüzgârında birbirlerine değdi. Ve her seferinde havaya aynı koku yayıldı:

Telve: Yasemin.

Bakla: New Stockholm'deki hayatları boyunca

Telve: Azımsandılar,

Kurşun: Küçümsendiler,

Bakla: Suçlandılar ve nazikçe tehdit edildiler.

Kurşun: *Yerlerinden* edilmekle.

Telve: Ki o *yerde* yaşamak diken üstünde yürümek gibiydi. Köprüden geçene kadar eğildiler ama köprülerin ucu bucağı yoktu. Her seferinde altından geçmekten sıkıldılar; bazen trabzanlarının üzerinden canbaz gibi yürüyerek geçtiler, bazen üstündeki iplerden maymun gibi atlayarak geçtiler, bazen sarmaşık gibi etrafını sararak geçtiler ama hep geçtiler.

Bakla: Sevdiler, ürettiler, ağladılar, sinirlendiler, siktir çektiler, güldüler, yaşadılar yani. Sonra, sonra bize göründüler.

Kurşun: Şimdi biz de onları size göstereceğiz. Son kez.

Telve: Nesrin. Kadın, avukat, hak savunucusu, anne, hemdem, hemdert. Doğal boya yapmayı, problem çözmeyi, siktir çekmeyi severdi. Doğduğunda üzümler toplanmış, pekmezler kaynatılıyordu. Öldüğünde kuşların yuva kurma zamanıydı. New Stockholm arşivlerine doğum tarihi 1940, ölüm tarihi ise 1973 olarak geçti.

Kurşun: Suzan ya da 507. Kadın, görsel sanatçı, besteci, heykeltraş, hemdem, hemdert. Sigara içmeyi, otoritenin duvarlarını yıkmayı, hınzırca gülmeyi severdi. İkinci cemre düştüğü gün doğdu, yavru kanguruların annelerinin keselerinden çıkma zamanı öldü. New Stockholm arşivlerine geçtiği haliyle doğum 1960, ölüm 2023.

Bakla: Hazal. Kadın, dansçı, tarım işçisi, çocuk ve yaşlı bakıcısı, bulaşıkçı, kahveci, hemdem, hemdert. Omuz omuza halay çekmeyi, toprağa ellerini daldırmayı, dans ederken saçlarında rüzgârı hissetmeyi severdi. Doğduğunda Zemheri ayazı vardı, öldüğünde guguk kuşlarının gelme zamanıydı. New Stockholm arşivlerine doğum tarihi 1985, ölüm tarihi ise 2046 olarak geçti.

Kurşun: Fetanet. Sayborg, araştırmacı, akademisyen, iz sürücü, yön bulucu, hikâye toplayıcı, hemdem, hemdert. Kulaklarını dört açıp dinlemeyi, lafını esirgemeden konuşmayı, sırları aydınlatmayı severdi. Hıdırellezdi doğduğunda, öldüğünde deniz aygırlarının yavrulama zamanıydı. New Stockholm arşivlerine doğum tarihi 2023, ölüm tarihi ise 2100 olarak geçti.

Bakla: Düğümler diyorduk. Anlattık diyorduk, çözüldü mü acaba, diyorduk. Buraya döner misiniz artık?

Telve: Pardon. Evet anlattık. Anlattık, anlattık da galiba anlattıkça yeni düğümler de attık.

Kurşun: Attık da çözmek için başka ellere de ihtiyaç var sanki.

Bakla: *(Seyirciye)* Sizi diyor. İpin ucu sizde.

Kurşun: Hadi gidin, başkalarına anlatın siz de.

Telve: Biz de başka hikâyelere açalım falımızı. Telvenin gücüyle!

Bakla: Nebatın gücüyle!

Kurşun: Nazarın gücüyle!

Üç cin Fetanet'in gözünden yayıldığı anlatılan turkuaz ışığın içinde kaybolur.

SON

YAZAR BİYOGRAFİLERİ

Fatma Onat

1980 yılında Siirt'in Şirvan ilçesinde doğdu. İstanbul Üniversitesi Edebiyat Fakültesi Tiyatro Eleştirmenliği ve Dramaturji Bölümü'nden mezun oldu. Yüksek lisansını Yeni Zelanda'da, Auckland University of Technology'de Māori ve diğer yerli halkların fakültesi Te Ara Poutama'da, tiyatro ve performans alanında tamamladı. Kürt tiyatrosu üzerine bu fakültede çalışma yürüten ilk öğrencidir. Tiyatro disiplini içinde daha çok dramaturg, oyun yazarı ve eleştirmen olarak üretim yapmakta.

2004-2010 yılları arasında sektör dergiciliği yapan ajanslarda editör ve yazar olarak çalıştı. Tiyatro festivali ve çeşitli fotoğraf sergileri için metin yazarlığı yaptı. 2013-2017 yılları arasında Halkbank Kültür Sanat Sitesi'nde eleştirmen olarak görev aldı. *Evrensel Pazar, Milliyet Sanat, Radikal İki* bugüne kadar yazarlık yaptığı yayınlardan bazılarıdır.

İsli Yaprak Sarması adlı oyunuyla 2017 yılında Mitos Boyut ve Nilüfer Belediyesi'nin ortaklığıyla düzenlenen "Sahne Eseri Yazma Yarışması'nda" ikinci oldu. Aynı oyun 2019 yılında Almanya'da, Heidelberger Stückemarkt festivalinde Türkiye adına yarışan üç metinden biri oldu.

Uluslararası Tiyatro Eleştirmenler Birliği üyesidir.

*

Deniz Başar

2014 yılında *Kaşıntı* adlı oyunuyla Mitos-Boyut Yayınevi'nin yarışmasında jüri özel ödülünü, 2016 yılında ise *Yekpare, Geniş Bir Anın Parçalanabilir Akışında* adlı oyunuyla İranlı ve Türkiyeli genç tiyatrocuların ortak çalışması olan Derbent Yarışması'nın ödülünü kazandı. *Yekpare, Geniş Bir Anın Parçalanabilir Akışında* oyunu 2019 yılında İngilizce çevirisiyle Montréal'deki feminist tiyatro festivali Revolution They Wrote'da okuma tiyatrosu olarak sahne aldı. Kukla yapımcısı ve dramaturg olarak Kanada'da pek çok oyuna çalıştı. *Şarap ve Helva* adlı oyunu Toronto Labaratory Theatre tarafından 2024 yılında Art Babayants'ın yönetiminde Toronto ve Montréal kentlerinde sahnelenecektir.

2021'in başında Kanada'nın Montréal kentindeki Concordia Üniversitesi'nin Sosyal Bilimlerde Doktora adlı bölümünden *Yok Sayılmış Bir Miras: Türkiye'de Çağdaş Gösteri Sanatlarını Karagöz Üzerinden Okumak* adlı doktora tezi ile mezun oldu. Türkiye tiyatrosu üzerine çalışmalarını pek çok uluslararası konferansta sundu ve çalışmalarını antolojiler ve hakemli dergilerde yayımladı.

Aldığı FRQSC post doktora bursu sayesinde Boğaziçi Üniversitesinde araştırmacı olarak çalışmalarına devam ediyor ve Bahçeşehir Üniversitesi Konservatuarında yarı zamanlı olarak oyunculuk öğrencilerine dramaturji dersi veriyor.

*

Ayşe Bayramoğlu

İstanbul'da doğdu ve büyüdü; şu anda Avustralya'da yaşıyor. 2009'dan beri profesyonel şekilde tiyatro alanında öncelikli olarak oyun yazarı, bazen de yardımcı yönetmen ya da oyuncu olarak faaliyet gösteriyor. Türkiye'deki hikâye anlatıcılığı ve gölge kuklası formları ile çalışan Tiyatrotem grubu ile hiyerarşik olmayan bir yapı bağlamında işbirliği içinde çalıştı ve hem metin hem de metin gelişimi evrelerinde bu grupla oyunlar tasarladı. Bunun yanı sıra konvansiyonel yapıdaki tiyatro oyunlarında da çalıştı. Oyunları İngilizce, Katalanca, Fransızca, İtalyanca ve Yunanca'ya çevrildi ve bu ülkelerde oynandı. *Pencereler* adlı oyunu Fransızca olarak 2022 Ağustos'unda yayınlandı.

İbrahim Hallaçoğlu'nun 2022'de Melbourne'da sahnelenen *Where My Accent Comes From* (*Şivem Nereden Geliyor*) oyununda yardımcı yönetmen olarak yer aldı.

Kendisinin Film ve Drama alanında yaratıcı yazı yüksek lisans derecesi ve 'Ev İçi ve Aile İçi Şiddet' alanında sosyal hizmet vermek için yeterlilik diploması vardır.

Oyun yazma kariyerinin yanı sıra şu anda Melbourne'da ev içi ve aile içi şiddet mağdurları için profesyonel Destek Çalışanı olarak çalışmaktadır.

PAYÎZA
NEW STOCKHOLMÊ

Nivîskar:

Fatma Onat, Ayşe Bayramoğlu, Deniz Başar

Dramaturg: **Şehsuvar Aktaş**
Derhêner: **Onur Karaoğlu**
Rêvebira Projeyê: **Halime Aktürk**
Wergera bo Kurdî: **Alan Ciwan**
Wergera bo Îngilîzî: **Deniz Başar**
Edîtora Weşanê: **Deniz Başar**
'Canadian Council for the Arts'
piştgiriya aborî daye vê projeyê.

Navê dosyaya serîlêdanê: Autumn in New Stockholm
Hejmara dosyaya serîlêdanê: 1002-21-1942

Serikê Ta Dighîje Kû Piştî Ji Qulika Derziyê Derbas Bû?

Sebaret bi lîstika Payîza New Stockholmê

Eylem EJDER[*]

Prolog: "Ez ji welatê wan têm"

Ez ji welatê wan têm.

Ji welatê wan kesên ku agahdar bûn ji zemên bi zanîna wextê çandiniyê, dema ber bi ba katina simbilan, demsala xumîna robaran û zayîna karik û berxikan. Ji zemanê wan kesan têm ku tilhikên asmînan ziwa dikirin di nav rûpelên kitêban de. Ji ciyekî wiha têm ku jiyana wê tijî ye bi qeyranên siyasî, veguherînên civakî, tevgerên berxwedanê, derbe, lêpirsîn û zextan. Ji welatekî ku necûdabûn şêweye-kî rêvebirinê ye. Ez ji nav wan kesan têm ku di her karesate-kê de piştgiriya hev dikin, hev hembêz dikin li ciyê lê êşiya-yî, ji nav wan kesan têm ku dibêjin; "wê rojek bê her tişt xweştir bibe" û "soz, wê bihar bê".

Ez ji welatê wan têm.

Ew ên ku mafê wan yê xweîfadekirinê hatiye sitandin ji dest wan. Ji welatê wan kesên ku bi hêvî ne rojekê xwe big-hînin her tiştê ku jê hatine mehrûmkirin, herçendî piiiir dûr bin jî jê. Ji nav wan kesên ku ji bo dahatûyeke paktir çi hebe di dest de didin da xwe rizgar bikin ji vî ezmanê fetso-nek ku di bin de dijîn. Ji welatê wan kesên ku jiyana wan diçilmise û berhewa dibe bi lêgerîna wekhevî û edaletê li ciyekî din. Ji wan dengên ku dibêje "Em ê li hev helal nekin, em ê hesab bipirsin ji hev".

Ez ji welatê wan têm. Ji sê riyên, ji sê wextên, ji xwestekên Xiltik, Zadik û Berik têm. Ji egera nûbûn û bedewiyê têm ku bi vegotin, guhdarîkirin û lihevcivînê pêkan e.

Ez ji welatê wan têm. Welatê Nesrîn, Xezal, Suzan û Fetanet. Ji fûrînekê têm ku xwestek jî ziwa dibin pê re li gel fehlan. Ji nav wan kesên ku bi hewes û înyadekê girêkên zeman û zemînê vedikin ku jê hatine bêparkirin, ew ên ku geh bi xweşî, geh bi xezebî li zeman û zemîneke nû peyda dibin.

Ez ji welatê wan têm. Welatê Deniz, Ayşe û Fatma. Ji sehneya wan kesên ku bi riya şanoyê ber xwe didin li hember her demsal payîz a New Stockholmê. Ji gotinên jinên ciwan ên ku dixwazin dilê hemû mirovatiyê pêkve û ji nû ve bidirûn bi serikê wî tayê ku dirêjî me kirine dema çîrokên ku di hundirê wan de ziwa bûne vedibêjin.

I.

Gelo mirov tu zemanek û ciyek heye ku jê re hatibe terxankirin li vê dinyayê? Ciyekî aramî û bextewariyê ku taybet ji bo me hatibe xemilandin. Em çawa xwedî li vî cihî derdikevin? Em çawa vî ciyî diafirînin an jî?

Lîstika *Payîza New Stockholmê* çîroka sê jinan (çar, heke em zaroka ku bi dizî di zikê yekê ji wan de mezin dibe bijmêrin) vedibêje ku di demên cuda de ji bo dahatûyeke xweştir welatê xwe terkeser dikin. Ev metna ku bi şêweyê şanoya vegotinê hatiye honandin, ji hêla sê nivîskarên cuda ve bi rêbazekê hatiye afirandin ku li Tirkiyeyê kêm tê dîtin. *Payîza New Stockholmê* ji serpêhatî û çavdêriyên şanoger Deniz Başar, Fatma Onat û Ayşe Bayramoğlu sûd wergirtiye ku piştî sala 2014an ji ber sedemên ciyewaz koçî Kanada, Zelanda Nû û Awûstralyayê kirine. Lîstik di derbarê têkoşîna jinên ji sê nifşên cuda de ye ku ji bo xelasiya ji tenêtî û marjînalbûna ku pêrgî wê dibin li welatekî dûûûr bi navê New Stockholm ku bi hêviya jiyaneke mirovane, adiltir û wekhev, dahatûyeke baştir û perwerdeyê berê xwe didinê. Ev hewldan dikare wek "provaya tolhildanekê" bê bi navkirin an jî "vegotina hesabpirsînê".

Di 17ê Gulana 2022an de li şanoya xwendinê ya ku li Stenbolê li sehneya Kumbaracı50 hat lidarxistin, ez pêrgî pêşnûmeya yekem a lîstikê hatim. Serpêhatiyên weke hev yên çar jinên koçber ên bi navê Nesrîn -û keça wê

Suzan/507-, Xezal û Fetanet ku di demên cuda de li New Stockholmê jiyane, ji hêla sê cinên bextbêj dihatin vegotin bi navên Xiltik, Zadik û Berik. Navê welatê van jinan nedihat gotin, lê navên wan heman navên jinên welatê min bûn. Weke ku Xezal di lîstikê de ji Suzan/507 re dibêje, ew jin "mîna kesên ji rexê me " bûn. Fişarên civakî, derbe, zextên siyasî û şîdeta ku di wan demên cuda de ew festisandibûn û kiribûn ku terka welatê xwe bikin, pir dişibûn yên li welatê ku em lê dijîn. Eger hin ji wan bi bîr bînim: Atmosfera antî-demokratîk a ku piştî Gezî'yê li welêt zêde bû, ew serhildan û tevgera berxwedanê ku di sala 2013an de li Stenbolê dest pê kir û li gelek bajarên welêt berbelav bû, di sala 2015an de êrîşa bombeyî ya terorîstî ya li dijî mitîngeke aştiyê, di 2018an de pejirandina sîstema serokatiyê ku hêza Erdoğan zêdetir kir, dijayetiya civakî û siyasî, rêlibergirtina azadiya ramanî, qewirandina akademîsyen û rojnamevanên ku ji bo aştiyê îmze dan, lêpirsîn û darizandin, girtin, zêdekirina komkujiyên ekolojîk, şewata daristanan, erdhej... Ev felaketên siyasî yên bêdawî, her çend eslê wê pir kevn be jî bûn sedema tevgereke koçberiyê li welêt ku jê re digotin "pêla nû" û piraniya wan ciwanên xwenda bûn.Welatê ku hevalên min her yek ji wan ji ber sedemên cihê li pey xwe hiştin û çûn, kêm-zêde bi vî rengî ye ku ez lê dijîm. Lê ew ciyê ku çûn? Gelo ew li wir çawa ne?

Lîstika *Payîza New Stockholmê* balê dikşîne ser çîroka wan kesên çûyî û hewl dide tecrûbeyên wan ji devê wan bibhîze.

Sê vebêjkarên lîstikê Xiltik, Zadik û Berik dibin dengê van rihên wendayî ku li New Stockholmê bêzeman û bêzemîn dijîn. Çîrokên Nesrîn, Suzan/507, Xezal û Fetanet, ev çar jinên ciwan ku li van cinan bûne misellat li gor gotina wan. Cinên vebêjer him bi coş û hewesekê him jî ji neçarî vedibêjin. Lewra vegotin an jî li gor gotina wan neqilkirina tişta bûyî/ a dibe/ a ku wê bibe tekane rê ye ji bo rizgarbûna ji van çîrokên ku ziwa bûne li ser dilê wan.

Çi ye ew tişta ku em heq jê tên der bi riya vegotin û lêhisînê? Gelo hê jî xezebeke aşnebûyî, sûcdariyeke nekemijî an jî hesabek heye ku nehatiye dayîn?

II.

Çi ye ew tişta ku mirov bi vegotin û qêrina li pêşberî temaşe-
vanan heq jê tê der? Bi eksekê bidestxistina hebûna xwe ye
gelo li wî ciyê ku jiyanê ew bêzeman û bêzemîn hiştiye? Gelo
mebesta vegotinê afirendina tijîbûnekê ye ji vê valahiyê, an jî
nîşandayîna sergermiyekê ji pasîfiyeke hişkûhola?

Bextbêjî (fehl) şêweyek ji çîrokbêjiyê ye. Fehl qada
rabirdû, dema niha û ya dahatûyê ye, lewma jî qada jidest-
çûyiyan, a hesret, coş û hêviyê ye. Weke ku di lîstikê de tê
gotin, şopên mizgîniyê, xetereyên li pêş, rêyên nû û serpê-
hatiyên ku wê di sê wextan de pêk bên, her li vir tên dîtin.
Hemû awirên xirab ku mirovan binbandor dike, li vir bi
sêhra gotin û lêhisînê tên çareserkirin. Lewra jî tiştên ku di
lîstikê de tên gotin divê mîna xiltika qehweyê biherikin,
mîna zad(ik) berbelav bibin, mîna berikê biteqin û hemû
awirên xerab paqij bikin. Lê di hemû fehlên me de, awira
xerab bi gelemperî mirovekî/ê nîşan dide. Awira kesekî/ê
ye ku ji wir, ji derveyî malê xerabiyê direşîne. Lê heke ev ne
awira kesekî yan çend kesan be, lê awira wê civakê bi xwe
be ku em tê de dijîn, awira wî welatî bi xwe be ku em çûnê
da rizgar bikin xwe ji welatê xwe? Ger awira xerab civakeke
birêxistinkirî be, kîjan fehl dikare vê xerabiyê, vê nezelê
paqij bike? Gelo hunera şanoyê ku nihêrtinê di ontolojiya
xwe de dihewîne, dikare vê awirê biguherîne bi riya vegoti-
nê? Mîna pirsa beşa yekem ku lîstik pê dest pê dike, vegoti-
na tiştên ku di fehlan de xwiya dibe gelo "riya xelasiyê" ye?
Ma meriv dikare bi vegotinê xwe ji payîza New Stockholmê
xelas bike ku ne tenê bêhna sê cinên vebêjer lê herwiha
bêhna jinên ku qala wan dikin jî teng bûye jê? Ger ev jinên
ku ji wî mafî bêpar ma ne xwebixwe çîrokên xwe vebêjin,
hişkûhola mabin di wan fehlan de bi hesretên xwe bi hêvî û
arazûyên xwe tevî wan riyên ku hê wê bên derbaskirin, gelo
mebesta vegotinê afirendina tijîbûnekê ye ji vê valahiya
netemam, an jî nîşandayîna sergermiyekê ye ji pasîfiyeke
hişkûhola?

Bextbêja qehweyê Cina Xiltikan çîroka parêzera ciwan

Nesrîn vedibêje ku di sala 1960 de ji ber têkiliyeke derveyî zewacê koçî New Stockholmê kiriye û herwiha çîroka keça wê Suzan ango 507. Cina Zadikan ku zad direşîne, çîroka Xezala danser ku di sala 2016an de koçî New Stockholmê kiriye û Cina Berikan jî, çîroka Fetaneta sayborg vedibêje ku sala mirina Suzanê (2023) ji dayik dibe, sala mirina Xezal (2046) jî ji bo lêkolîna doktoraya xwe tê New Stockholmê.

Fetanet ew kes e ku dê hewl bide girêkên tevlihev yên serpêhatî û çîrokên hevpar yên van her sê jinan veke ku di demên cuda de li New Stockholmê jiyane. Ma ne, ew şop-ger e. Berevajî yên din, ew ji bo lêkolîna arşîva welêt hatiye New Stockholmê, ne mayînde ye. Berî vegere dê wan hesa-bên çend nifşan bigire ku ketine ser hev û nîvco ma ne li gel New Stockholmê.

Çend xalên hevpar yên çîrokên van her sê jinan hene. Her sê jî ji ezmûna welatekî tên ku tijî ye bi derbe û qeyra-nên mezin ên siyasî. Em dikarin wan wek zarokên derbeyê bi nav bikin. Dema em bala xwe didin wan dîrokên ku di lîstikê de hatine diyarkirin, em dibînin ku hemû bi wan tarîxên darbeyê yên welêt û bûyerên hovane yên li pey wan hatine nîşankirin. Nesrîn di nav gêreya derbeya 1960î û destûra bingehîn a 1961ê de ku wê rê li ber azadiyên nisbî veke, ji ber zextên civakî û pîvanên exlaqî direve ku li ser gel hatine ferzkirin. Mîna giraniya wê xiltika binê qehweyê ku çîroka wê vedibêje, zaroka xwe (Suzan/507) di zikê xwe de vedişêre û tê New Stockholmê. Xezala bi eslê xwe Kurd ku piştî derbeya 1980yî bi çend salan ji dayik dibe, ji ber şerên navxweyî yên li rojhilatê welatê ku lê dijiya, neçar dimîne koçî rojavayê welêt bike. Ji ber Berxwedana Geziyê a sala 2013an û tewanbarkirin, lêpirsîn û gefên ku li dû wê tên, her ku diçe jiyana Xezal sero-bino dibe. Ji ber dersên belaş ên dansê ku li parkan dide ("dans provaya şoreşê ye" dibêje lîstik) tê sûcdarkirin, vîdyoyên wê yên YouTube ên li ser nebatan wek çalakiyên cudaxwaz têne dîtin, dû re, dibe tawanbara şewata li kantîna zanîngehekê, bi ser van hemûyan de dema hewldana derbeyê ya 2016an lê tê zêde-

kirin, jiyan li Xezal yekcar teng dibe. Ji bo jiyaneke baştir
diçe New Stockholmê, parzemîneke hêvî û utopyayê ku
wek stêrkekê dibirise dûûûûr ji vir û dema em lê. Fetanet jî
di sedsaliya komarê de, tam di destpêka wê sedsala nû de ji
dayik dibe ku her kes bendewarê rizgarî û azadiyekê ye lê bi
derbeyekê rê li ber tê girtin dîsa. Fetaneta ku 77 salan dijî,
nifşa dawîn a wan jinên hunermend, akademîsyen û xweza-
perest e ku koçî New Stockholmê kiriye, heta vêga.

Ji Nesrînê, ku di nav rûpelên pirtûka xwe de wê bi kulîl-
keke asmîna hişkkirî bikeve her demsal payîza New
Stockholmê, heya Fetanetê nifş li pey nifş, dema ji deriyê
gumrikê derbas dibin, ji jinê vediguherin sayborgê.
(Fetanet wê nebe xwedî kulîlkeke asmîna hişkkirî jî ku ji bo
yên din wek bîranînek bû ji welatê wan.) Lîstik dê li gel
Suzan/507 rûyê xwe yê avant-garde bel bike. Suzan sêwîxa-
neyê dide ber êgir ku lê tê bicihkirin piştî xwekuştina dayi-
ka wê Nesrîn ku em sira bayekî melodramatîk ji fîlmên
kevn yên tirkî hest dikin dema em dibhîzin bê çi tê serê wê.
Wek nîşana girêka yekem "Sûnc" ku hemû karakterên New
Stockholmê girê dide, 507 têkiliya sûnc û hunerê vedikole.
Ji hevnasîna Xezal û 507ê bigire heya pêşandana tolhildanê
ya Fetanet (an jî divê em bibêjin hewildana hesabpirsînê)
piştî hackkirina arşîvên dewleta New Stockholmê û eşkere-
kirina dîroka malbata xwe, vegotin ji dramayê vediguhere
science fictionê. Lîstik çîrokê ji nêrîn û dengê wan kesan
vedibêje ku ji ber zordestî û tirsa ku pêrgî wê hatine neçar
ma ne welatê xwe biterikînin, ew kesên ku ji bo dahatûyeke
baştir cihê xwe yê jidayikbûnê terikandine, lê li her derê ku
çûnê hatine piçûkxistin, nehatine qebûlkirin, kêm hatine
dîtin û marjînalkirin.

III.

Yek ji wan jî ne ew tov in ku ji vê derê ketine erdê erê,
lê ciyê ku lê şîn bûne ev der e gelo?

Sê jinên li ber deriyê gumrika New Stockholmê. Sê wex-
tên cihê. 1960 e ji bo Nesrîn, 2016 ji bo Xezal û 2046 e ji
bo Fetanet. Derî heman derî, karmend heman karmend.

Heman pirsên dadbar û sûcbar, heman awirên tijî piçûkdî-
tin ku (bi "hûn bi zimanê me diaxivin" dest pê dike û bi
"qet sûncekî we heye" dom dike) mîna Sfenksê ku li ber
deriyê Tebayê rûniştiye û li bersiva pêderxistinoka xwe
digere karmend, ("hûn çawa bi zimanê me ewqasî baş dia-
xivin) tê pişt re bi heman tengavî û hişkesariya rûyê wî.
Berevajî navê xwe, New Stockholm ne ciyê tiştên nû, lê
ciyek e ku tu tişt lê nayê guhertin. Li vir her dem tiltengî,
demsal her dem payîz e.

New Stockholm tune-ciyek e. Welatê utopyayê, mîna
cîhekî xweş ku hê negihiştiye vir. Soz û ehda demokrasî,
wekhevî, edalet, axeke ku ciyewazî wek ciyewaziyan bi têr û
tijî tê jiyîn lê. Ji bo Nesrîn, Xezal û Fetanetê, ew wek stêrka
herî dûr e ji ezmanê berê wan lê, xala herî dûr a ser rûyê
erdê ye ji welatê me. Ev dûrbûn ne tenê erdnîgarî ye. Ji bo
jiyana me ya çandî, exlaqî, olî, civakî û siyasî me her çi hêvî
hebe, New Stockholma ku soza hemûyan dide li xaleke
wiha disekine ku pir, pir dûr e ji welatê ku ev jin jê tên.
Dûrbûn dijberiyek e jî di heman demê de. Û sawek. Qadek
ku warê west û çilmisînê ye li dû hemû hêviyan. Hestên
sûcdarî û deyndariyê, lêborînên bêdawî, tawîzdanên bênav-
ber ji bo dilê kesê din nehêlin bûye zore-jiyana rojane ji bo
her koçberekî li New Stockholmê. Jiyana payîza New
Stockholmê tê wateya hestkirina tengavî û bêqîmetiyeke
bêdawî, tê wateya bêgav-jiyana nexweşiyekê ku nikare bê
dermankirin. Ji serpêhatiyên Nesrîn, Fetanet, Suzan û
Xezal, wiha xwiya ye New Stockholm welatek e ku xwe ji
bayê re veşartiye. Ger ev lîstik xwedî ehd û sozekê be bi
navê xwe û cih û dema ku ev nav li xwe kiriye, ev nayê
wateya ku ev soz zemîneke qewîn diafirîne ji bo bidawîanî-
na vê rêwitiyê.

Berevajî New Stockholma ku ji dûr ve dişibe utopyayek
û ji nêz ve dîstopyayekê, lîstika *Payîza New Stockholmê*
xwedî rîtmekê ye. Ew di navbera şahî û hêrsê, lîstik û jiya-
nê, kêf û neçariyê, herk û hişkelingbûnê, vegotin û xelasiyê
de diçe û tê. Ev halên duhêlî, ne hevsengiyekê tînin ji hev
re ne jî bendewariyê. Dibe ku belasebeb be lêgerîna hev-

sengiyê. Lîstik jî di nav hev de ye wek van çûn û hatin û
pevketinên wan. Ev ew xelek in ku li şûna hevsengiyê bînin,
dê di navbera me de girêkan biavêjin.

IV.

Gelo lîstikek hêza xwe ji ku derê werdigre da li hember dij-
wariya zemên li ber xwe bide? Dîsa ji zeman bi xwe? Ew li
New Stockholmê li hember payîzê çawa li ber xwe didin? Çi ye
tişta ku dike em di bin van şert û mercan de berdewam bikin?
Çi ye riya berdewamkirina şanoyê û bi rêbaza şanoyê? Ji bo
wan, hêrs yek ji rêbazên bi hêz e da bidomînin, jiyanê semax-
kar heta jiyanbar bikin. Wê rojek bê em ê hevdu ji vê hêrsa afi-
rîner nas bikin.

Her fehlek xwedî sozekê ye; daxwaz û xwestekên wê
hene. Tu sozên New Stockholmê nîn in ku mirov dilgeş
bikin. Lê lîstik? Berevajî New Stockholmê gelo lîstik soza
tiştekî dide guhdar/bînerên xwe? Ger şano ciyekî nû yê
herikînê hebe ku bi vegotinê ji xwe re çêbike, dibe ku ew
yek peyva "neqilkirinê" be, ku pir caran di şanoyê de tê
bikaranîn û wek yek ji hevrehên kiryara vegotinê tê dîtin.
Lewra neqilkirin, beşa dawî ya lîstikê -girêka cerrahan- û
"serikê ta"yê ku dirêjî temaşevanan dibe bi hev ve girê dide.
Neqilkirin herwiha têgeheke operatîv e jî. Mîna jihevvekiri-
na laşekî, guherandina organekê bi ya nû. Neqla dil, neqla
çav, neqla tevnan...

Ji bo mirov bikaribe baştir fêm bike bê neqilkirin çawa
yek ji têgehên sazker ên dramaturjîk ên lîstikê ye, wê baş be
ku meriv li çîroka Fetanet û pêşkêşa wê binêre. Fetanet
kesek e ku li pêşiya zemanê me dijî. Ew zaroka derbeyeke
nû ye ku pêkhatina wê ya di demeke nêz tê pêşbînîkirin. Di
encama biyopolîtîkaya ku li dû derbeyê tê (bi bicîhkirina
nasnameyên çîpî di çavên zarokên nûçêbûyî de) çavekî wê
têk diçe. Fetaneta ku çalika çavê wê tê dirûtin dema mezin
bibe dê xwe wek sayborg bide naskirin. Li New
Stockholmê, ku ew ji bo -Programa PhD di Rêvebirina
Koçberiyê de Biyopolîtîka- tê, xema wê ya sereke ew e ku
herçend kontrolkirî be jî xwe bighîne arşîvên dewletê û

çîrokên wan mirovan raçav bike ku di encama polîtîkayên çewt ên koçberiyê de tên îstîsmarkirin, heqê wan tên xwarin, tên bêdengkirin û di arşîvan de tenê wek hejmarekê tên dîtin. Biservebûna çavkaniya pirsgirêkên Fetanetê bi wê yekê pêk tê dema ew di databasê de tomareke ku bi genetîka wê re têkildar e dibîne, bi awayekî din, bi navgîniya qeder an cinên bextbêj pêkan dibe. Di vê beşê de, ku êdî lîstik ber bi çîrokeke zanistî ve diçe, Fetanet dê bibe şahidê çend kêliyên girîng ji rabirdûya xizma xwe, keça Nesrîn Suzan, ango 507, li New Stockholmê, herwiha dê li ser bingeheke xeyalî di bîranînên zarokekê (Suzan) de cih bigre, û paşê jî wek cinawirekî binhişmendiya dîtbarî wê di hunera Suzanê de her xwe nîşan bide.

Fetanet wê ne tenê rêbazên New Stockholmê yên wek asîmîlekirin û marjînalîzekirinê de di bin navê rêveberiya koçberiyê de eşkere bike, lê di heman demê de wê têkiliya xwe ya tevlihev a bi van jinan re eşkere bike û çîrokên xizmên xwe yên winda peyda bike. Wek mînak ew ê tê derxe ku Suzan û Nesrîn xizmên wê ne (Cemil Beg, ku Nesrîn pê re xwedî têkiliyeke der-zewacî hebû, kalikê Fetanetê ye). Ji aliyê din ve jî, Fetanet wê tu carî nizanibe bê para Xezal a di çîroka jidayikbûna wê de çibû, wê nizanibe -li welatê ku Xezal terka wê kir, di dema tevgereke berxwedanê de ew cotê ku ew ji hundirê ewrên dûxanê xelas kiribûn û bûbû sedema hevnasîna wan, dê û bavê Fetanetê ne- lewra wê di arşîvan de cih nebîne ji xwe re ev çîrok. Lê belê bi parvekirina ''zanyariya çermî'' ji hêla Cinên Bextbêj, bîner dê hemû têkiliya van jinan bizanibe û dê gavekê li pêşiya Fetanet bin di warê zaniyariyê de. Fetanet di pêşkeşa xwe ya di dawiya lîstikê de him dîroka tarî ya malbata xwe vedibêje, him jî bi hurgiliyên wê li ber çavan radixe bê polîtîkayên New Stockholmê çi anîne serê jineke ciwan, zaroka wê û jinên din ên hevwelatiyên wê. Wekî din, pratîkên hunerî yên van hemû jinan - Nesrîn, 507, Xezal -, dansa wan, wêneyên wan û "xebatên wan yên laşî ku dibe sedema serêşiyê" li New Stockholmê eşkere dike ku bi hewla wan a hebûnê ve têkildar in. Lîstik bi vî awayî bexbêjiyê vediguherîne xaçerêya

hevdîtin û hevgirtinê di navbera nifşên cihê de. Ev xala hev-
dîtinê cihê ji hev re vegotin û neqilkirina çîrok û tecrube-
yan e di nav hev de.

Neqilkirin kefîlê vegotinê, armanca lîstikê, xala civînê ye.
Neqilkirin; ji nû ve herikandina tişta ziwa mayî di falan de,
vekirina dirûna çavên girtî û rizgarkirina wê ronahiya hepis-
kirî ye di çalikên çavan de. Neqilkirin, her çend veguhesti-
nek be jî, her ew qas fûrîneke di lîstikê de. Hinekî jî ev e
tişta em di dawiya lîstikê de dibînin. Pêşkêşa tolhildanê ya
Fetanetê bo New Stockholmiyên ku ji wan re dibêje "Dr.
Frankensteinên hêja", mîna herkeke bi hêz û bêsînor a ji
nişkê ve ye piştî bergirtinê. Fetanet hewl dide wan girêkên
sûcdariyê yên zihniyeteke ku çalika çavê wê dirûtine veke û
di taya wê yekê de ye ku bighîje saxbûneke nû, dirûneke nû
û kewînekê.

Em baş dizanin, fehlên ku av li wan nabe û nayên şûştin
hişkûhola dibin. Zadik nalive, xiltik ziwa dibe, berik hişk
dibe. Ev rastî, ev pasîviya ku bi demê re ziwa bûye, ji ber
nevegotinê bi netemamî û valahiya xwe tije bûye, bi hemû
leza xwe dest bi herikîna xwe dike vêga.

Fetaneta ku ji hêla Cina Berikan ve tê vegotin, bi pêşkê-
şa xwe ya tijî teqîn di hewla wê yekê de ye ku vê hişkiyê
bihelîne, û wan awirên xerab yên tijî çav yek bi yek biteqî-
ne. Vebêja Fetanet ji wê çalika çavê wê yê vala û dirûtî a ku
piştî derbeyekê diqewime û tu kesek ceger nake lê binêre,
vediguhere tijîbûneke bi coş. Axaftina wê ya ku her bi coş-
tir dibe, dibe mîna çelqîna dawîn a fehleke li ber vegotinê,
an jî mîna vebêja me ku bi inyad li ber deriyê gumrikê dise-
kine û hemû deriyên girtî yek bi yek bi hilweşînekê vedike.
("Çima ew deriyên sînoran, yên akademiyê, ew deriyên
holên pêşengeh û şanogehan, yên weşanxane û her derên
ku derfeta derbirînê dide vekirî ne ji we re lê çima girtî ne ji
bo wan kesên ku tenê wek hejmarekê ne di arşîva we de?")
Di sehneya dawîn de ku wek provaya tolhildanekê ye dilopên
avê him nîşaneya fûrînekê û him jî rihetiya piştî vegotinê ye.

Epîlog: "Em ê girê bidin" serikê ta!

"Me vegot, lê gelo ji dil jî em rizgar bûn pê?" Ê ew serikê
tayê me pê girtî? Gelo em hay jê hene bê dighîje kû û kê ew
serikê tayê ji qulika derziyê derbasbûyî? Kîjan çîrokên hişkû-
hola û tijî girêk? Kîjan dilên jihevvekirî da ji nû ve bên dirûn?

Lîstika *Payîza New Stockholmê* ji bilî temaşevanên
Tirkiyeyî ji bo wan kesan hatiye nivîsîn ku ji ber heman
sedeman xwestine/neçar ma ne berê xwe bidin New
Stockholman, û ji bo wan ên ku li New Stockholman dijîn.
Lîstik ji rabirdûyê heta îro qala wan mirovan dike ku ji ber
polîtîkayên çewt jiyan li wan herimîne û neçarî koçkirinê
bûnê û li cihê ku çûnê jî ji ber heman polîtîkayên şaş yên
koçê nasname û çîrokên wan ji wan hatine sitandin. Di lîsti-
kê de wek Fetanet tîne zimên, heke " jidestwergirtina mafê
xweîfadekirina kesekî mêtingerî" be, *Payîza New
Stockholmê* bi îroniyeke tund berê daraza xwe dide polîtîka-
yên kolonyal ên welatên ku xwe bi soza demokrasî û azadi-
yê ava kirine. Lîstik ne tenê vegotina rûbirûbûyînekê ye bi
New Stockholman re, lê di heman demê de vegotina hesab-
pirsînekê ye ji siyaseta otorîter a welatên weke Tirkiyeyê ku
Nesrîn, Fetanet, Xezal, Suzan, Denîz, Fatma û Ayşe neçar
ma ne biterikînin.

Wek nivîskaran anî zimên di axaftina li gel temaşevanan
de li dû yekem pêşkêşa xwendinî a li Kumbaracı50, hêvîdar
im *Payîza New Stockholmê* ji bilî Tirkî, ji bo Kurdî û Îngilizî
jî bê wergerandin û ev lîstik li herêmên Kanadayê di gelek
kitêbxaneyên gel û zanîngehan de cih ji xwe re bibîne, ji
civaka şanoya Kurdî heta bi çermsorkên ku li çolwarên
kanadayê dijîn bighîje dorhêleke berfireh. Ev berhema ku
mînaka hevgirtin, hevaltî û berhemanîna hevpar e ku ji aliyê
sê nivîskarên cuda ve hatiye nivîsîn, hêvîdar im bibe alîkar ji
bo avakirina têkiliyekê di navbera gelên xwedî heman tec-
rubeyên bi vî rengî.

Ciyê kêfxweşiyê ye ku hunermendê şanoyê û akademîs-
yenê Ermenî-Kanadî Art Babayants piştgiriyê dide lîstikê û
dê di Hezîrana 2023an de li Kanadayê wek şanoya xwendi-

nê pêşkêş bike. Hêvîdar im ku şanoya *"Payîza New Stockholmê"* li gel naverok û helwesta xwe ya rexneyî, herwiha bi şêwaza xwe ya ku bi hêmanên kevne-vegotinên Tirkiyeyê ve hatiye rîstin, bikaribe temaşevanên Kanadayî bi mînakeke xweş a şanoya vegotinê re rû bi rû bihêle.

Ji bo Tirkiyeyê jî, bi taybetî di van rojan de ku daxwaza terkkirinê ji her demê zêdetir bûye, hêvî dikim lîstika *Payîza New Stockholmê* bîne bîra me ku mesele bi qasî mayîn û çûyînê, heta berî her tiştî di her du rewşan de jî rûbirûbûyîneke bi tişta bûyî/ a dibe/ a ku wê bibe re.

19 Nîsan 2023, Stembol

* **Eylem Ejder:** perwerdeya xwe him li ser Fîzîk û him jî li ser Şanoyê kir. Di sala 2022an de bi teza xwe ya bi navê "Dramatûrgiyên Veguherînê: Di sala 2010an de di Şanoya Tirkiyeyê de Nostaljî, Metaşano, Utopya" ji Beşa Şanoyê a Zanîngeha Enqereyê doktoraya xwe wergirt. Di navbera salên 2018 û 2022an de bû yek ji beşdarên Dibistana Performans û Lêkolînên Şanoyê a Mellonê li Zanîngeha Harvardê. Li Navenda Lêkolînê ya Ibsenê li Zanîngeha Osloyê wek lêkolînera mêvan xebitî. Li Stenbolê wek nivîskar, editor û hunermend di karên xwe de berdewam e. Xebatên wê yên li ser şanoya Tirkiyeyê yên piştî sala 2000î bi berdewamî di kovar û pirtûkên navxweyî û navneteweyî de tên weşandin. Hev-nivîskara pirtûkên *İçinden Tiyatro Geçen Mektuplar* (li gel Zehra İpşiroğlu) û *Hevesle Beraberlik Arasında Bir Şey: Bir Kritik Kolektif Kitabı* (li gel Handan Salta) ye. Ji sala 2022an û vir ve ye, bi pêşkêşa xwe ya performatif a bi navê do,laş,mak ku li ser helbest, ekolojî û şanoyê ye, beşdarî gelek civînên şanoyê û festîvalan dibe.

***

Pêvajoya lîstikê:

Ev lîstik bi pêşniyariya pêkvenivîsîna lîstikekê ji hêla Fatma Onat li gel Deniz Başar û Ayşe Bayramoğlu, di Sibata 2020an de dest pê dike. Her sê nivîskar her heftî bi riya zoomê li hev dicivin û bi vî rengî cîhana New Stockholmê ava dikin. Nîsana 2021ê bi serperiştiya Halime Aktürk ji bo bipêşxistina lîstikê serî li Canadian Council for the Arts'ê (CCA) tê dayîn, di Tebaxa 2021ê de jî proje ji hêla CCA'yê bi awayekî fermî tê pejirandin. Di Cotmeha 2021ê de dramaturg Şehsuvar Aktaş, li gel nivîskaran beş-darî civînên heftane dibe. Adara 2022an ku hê li ser pêşnû-ma yekem tê karkirin, Onur Karaoğlu wek derhêner beşda-rî pêvajoyê dibe. Pêşnûmaya yekem a Tirkî 17ê Gulana 2022an, roja Sêşemê li sehneya Kumbaracı50 (Tomtom, Kumbaracı YokuşuNo:50, 34433 Beyoğlu/İstanbul) bi derhêneriya Onur Karaoğlu wek lîstika xwendinî tê pêşkêş-kirin. Fetanet-Cina Berikan ji hêla Gülhan Kadim, Xezal-Cina Zadikan ji hêla Sinem Öcalır, Nesrîn-507-Cina Xiltikan jî ji hêla Ayşegül Uraz ve tê lîstin. Piştî wergirtina têbiniyên nivîskî yên (30) şanoger, rexnegir û akademîsye-nên şanoyê, ku pêşnûmeya yekem a lîstikê dixwînin, dra-maturg û nivîskar li ser pêşnûmeya duyem kar dikin û dû re jî Rêbendana 2023an, derhênerê lîstikê Onur Karaoğlu şêweyê dawîn yê lîstikê didiyê.

25ê Tebaxa 2023an wergera Îngilîzî ya lîstikê, ji hêla der-hêner Art Babayants û lîstikvanên Toronto Laboratory Theatre wek lîstika xwendinî, li Studyoya Afirandinê a Cahoots Theatre (388 Queen St E #3, Toronto, ON, M5A 1T3) tê pêşkêşkirin.

300 nusxeyên çapa yekem a vê pirtûka sê zimanî ku ji hêla weşanên Mitos-Boyut'ê ve hatiye çapkirin, radestî kitêbxaneyên gel yên li hemû herêmên Kanadayê, pirtûkxa-neyên zanîngeh û dibistanên pîşeyî û pirtûkxaneyên sazi-yên civakî yên li gundan hatine kirin û ketine arşîvên van pirtûkxaneyan.

Ravekirina dramaturjîk:

Cina Berikan: Bi rijandina berikan, nezelê-çavan dibîne.
Fetanet û Berik ji hêla heman lîstikvanê ve tên lîstin.
Herwiha, çavê kor yê Fetanetê ye.

Cina Zadikan: Li fehla zadikan dinêre. Xezal û Zadik ji hêla
heman lîstikvanê ve tên lîstin. Herwiha, pêwendiya Xezal
ya li gel axa wê ye.

Cina Xiltikan: Li fehla xiltika qehweyê dinêre. 507, Nesrîna
diya 507 û Xiltik ji hêla heman lîstikvanê ve tên lîstin.
Herwiha, pêwendiya 507 ya li gel wênesaziyê ye.

Fehl qadeke wiha ye ku, dikare hemû zeman û hemû
waran li xwe bigre. Ji hatina temaşevanan bo hola şanoyê
bigre, heta ketina sê jinan bo bajarê New Stockholmê,
amrazên ku têkiliya war û zemanan pêk tîne fehl in li vê
derê ku em bikartînin. Bi vê sedemê, cin di nav zeman de
dibin dengê rihên bêwar.

Di lîstikê de, hewla sereke divê nîşandana xwesteka bin-
gehîn ya cinan û tevgerên wan be di vê armancê de. Di
demekê de ku ji me we ye, hemû derdê me hal û rewşa wan
bi xwe ye, di ber re jî çîroka sê jinan divê rû bide. Lewra,
cin divê bibin mexluqên wiha ku di navbera bihewes-vego-
tinê û berpirsiyariya neçar-vegotinê herin û werin.
Darizandin û nirxandina ku ji "eqlê însên" tê, divê bibe
vegotineke neçarî lê coşa wan û xwesteka wan a bo lîstinê jî
bibe hewesa wan ya vegotinê. Lewra jî divê pir dawetkar
bin, xwediyê malê ne li hêlekê, şêwaza wan heta tu bê bes
divê balê bikşîne ser xwe.

Te dî her sê jî heta tu bes pir, an jî herî kêm wekhev dix-
wazin di "xeyalxaneya" temaşevanan de cih bigrin û bando-
rê bihêlin, lewra jî derbarê vegotin, nîşandan û lîstinê de
divê nefspiçûkiyê nekin, lê bila di nava berberiyekê de bin,
bi coşa vegotinê dikarin peyvan ji devên hev birevînin. Tevî
vê, çawa çîrokên wan bi hev ve girêdayî bin, ew jî girêdayî
hev in. Her yek ji wan dikare beşê xwe li gor xisleta xwe
neqil bike (di vê navberê de, em dikarin lêkera neqilkirinê
pir bikar bînin ji bo vegotina çîrokvegotinê, bi raya me

xwedî wateyeke dewlemendtir e -"neqil bikim da neqil bibim"). Ew jî divê bi vî rengî be; Berik divê "biteqe", Zadik divê "bireşe an berbelav bibe" Xiltik jî divê "biheri-ke" û bi şêwaza herkekê vebêje. Ev taybetmendiyên wan li gor demê dikare bi hêzeke pirtir an kêmtir xwe nîşan bide, bi vî hawî em ê bîr bikin ku ew ne "mirovên tam" in. Wek mînak Xiltik di derekê de dikare "bi herkeke aram" vebêje lê di derekê de jî "birije". Wekî din di demekê de ku bi coşa vegotinê (bi xwesteka bandorhiştina li ser temaşevan, ne bi hêrs) Berik bi carekê biteqe, Xiltik- (ji bo temaşevan netirsin) dikare gotinê wergire û bi herkbarî berdewam bike; ev bêhtir dikare di kêliyên guftûgoyan de bên bikar anîn belkî. Di demekê de ku Xiltik bi carekê birije û bilezî-ne, Zadik dikare jê wergire û hûrgiliyan raçav û berbelav bike. Wek mînak, bila bikaribin pêkve ji dengên cihê, ahen-gekê pêk bînin, ev yek dê seyrê û lêhisînê bibandor bike.

Prolog: Em ê vebêjin û rizgar bibin belkî jî!

Di nav hev de bi awayekî ku temaşevan nikarin bibihîzin diaxivin û li hev dikin. Her yek ji wan bi hejmeteke mezin silavan li temaşevanan dike.

Xiltik: Hûn bi xêr hatin!

Zadik: Ez Zadik,

Berik: Ez Berik/...

Xiltik: Ez jî Xiltik. Fehl in em. Sê wext, rê, qismet... Em tevan di nav xwe de dihewînin.

Zadik: Sê wextikên we jî li vê derê ne. Lê jêçûyî. Perçe perçe. Belavbûyî. Mîna tunebe. Him heye him nîn e. *(Kêlîyek)* I-ih!

Berik: Lewra em ew fehlên pêlekê mayî û ziwabûyî ne. Fehl in EM ev pêlek e... FEHL IN em ev pêleke. Fehl in em EV PÊLEK E... Fehl-in em/ ...

Xiltik: Em her heman fehl in. Lewra her ew tên dîtin. Di fincanan de, di nav qedehan de, di çavên berikan de her ew in.

Berik: Hişk bûn û man li ser me, yanî ew her sê jin. Li gorî gotinan dibêjin, ew jin li me bûne. Çi bû navê wê?

Zadik: Missss...missss

Xiltik: ellat...

Berik: Misssellllaaaat bûne. Wiha dibêjin.

Xiltik: Piştî ew li me bûn missseelllaaaaat, êdî her çîroka wan rû dide li me. Êdî wiha li me hatibû ku me fincan venedikir,

Berik: Berik nedirijand,

Zadik: Zadik ranedixist. Ew hê jî li vir in. Lê hûn jî li vir in. Ev car, ne ew car e.

Xiltik: Em behsa wan bikin ji we re.

Vê carê bi xwestekeke mezin li fehlê dinêrin.

Xiltik: Bi hêz û qeweta xiltikê...

Zadik: Bi hêz û qeweta nebatê...

Berik: Bi hêz û qeweta nezelê...

Xiltik: *(ber li guhderan)* Di her sê wextên wan sê wextan de me sê jin dîtin.

Berik: *(ber li cinan)* Çar. Ya di zikê wê jinê de ji bîr neke.

Xiltik: Di her sê wextikên wan sê wextan de me çar jin dîtin. Pêşî Nesrîn xwiya bû li min tevî rêçikên dûvedirêj. Pa-rê-zer bûye. Him jî daaayik. Ji mala xwe ber bi ciyekî bi navê New Stockholmê... *(ber li cinan)* Çi dike?

Zadik: *(ber li Xiltik)* Koç.

Xiltik: Heh! Biryar dide koçî New Stockholmê bike. Di zikê wê de 507/Suzan hebûye wê demê. Keça Nesrîn bûye. Piştî ji zikê diya xwe derket tu nabê wê mezin bibe û bibe hu-ner-mend.

Zadik: Xezal jî her ji nav zadikên min şîn bû. Danser/Lo-tik-van bûye. Ew jî biryar dide ber bi New Stockholmê ve... *(ber li cinan)* Çi bû ew?

Xiltik: *(ber li Zadik)* Koç bike.

Zadik: Heh! Biryar dide koçî New Stockholmê bike. Tu nabê wê fêkiyan bide hev li wir.

Berik: Ya ku wek du çavên mezin li min xwiya bû, Fetanet bû navê wê. Tu nabê lêgerîner e.

Zadik: Ne lêgerîner lê, lêkolîner.

Berik: Him jî söybörk. Wê jî biryar daye koçî New Stockholmê bike.

Zadik: Di sê wextên cihê yên zemanê de, van her sê jinan koçî New Stockholmê kirine. Lê New Stockholmê koça wan wernegirtiye. *Ji ber ku koç nayê wergirtin. Tu koç dikî, ciyê tu koçî wê dikî te wernegire, tu jî emrê xwe li ber deriyan derbas dikî.* Wiha dibêje Xezal.

Xiltik: Ha ev jin her li ber deriyekî xwiya dibin li me. Navê derî, Deriyê Gumrikê ye.

1. Deriyê Gumrikê

Xiltik: (*Fîncanê nîşan dide*) Binêre, tu vê derê dibînî, tijî ye
bi dengan, lewheyan, ronahiyan, devokon, bahol û deri-
yan... Min dil heye bibêjim kes nizane kî dikeve û kî
dertê ji vir, lê na, kesên derbas dibin kêmtir in ji bende-
warên ber devê derî. Tam jî li vir, binêre binêre. Di hun-
dirê jûrekê de.

Berik: (*Perçê risasê yê destê xwe nîşan dide*) Navmilên wan
zîç, rûyên wan bê derbirîn, lêpirsînê dikin sê zilamên
wekhev.

Zadik: Dev ji zilaman berdin, em behsa jinan bikin.

Xiltik: Jin, jin ber bi wê jûrê ve dimeşin ku zilam lê ye. Sal
1960 e ji bo Nesrîn û 507 a di zikê wê de, ji bo Xezal
2016, ji bo Fetanetê jî 2046. Lê jûr heman jûr. Tê bê
qey ji bilî rengê çermê wan, hemû zanyariyên van jinan
raxistî ne li pêşiya vî karmendî. Pirsîn ji xwe re kiriye
kar, mîna ku li bersivê digere ji bo têderxistinoka xwe ev
zilam. Laşê xwe yê ji rûniştinê westiyayî radike. Ne şer
e. Lê tê bê qey qorqora wî ye.

Zadik: Dû re dema Nesrîn xwe zîç dike û ber bi karmend
ve diçeee....

Xiltik: Lê wiha nabe, Nesrîn e ya li min misellat bûyî. Tê
behsa Xezal bikî.

Zadik: Ha-ho! Ev çi çîvanok e? Ji xwe ya te a di zikê
Nesrînê de ye. Bi navê xwe Suzan bi bernavkê xwe jî
507. Nesrîn ji ku li te misellat bûye?

Xiltik: Bêyî ku behsa diya wê bikim, ez ê çawa behsa malza-
roka wê bikim? Ma ev jî îş e?

Zadik: (*ber li guhdaran*) Rast e, me ji we re behsa wê
nekir... Her yek ji me, yanî her yek ji me cinan bi van
jinan re ewkeke me heye... Çi dibêjin jê re?

Berik: Pêwendî?

Xiltik: Têkilî?

Zadik: Merivatî?

Xiltik: Girêka navikî?

Berik: Heh! Navikên me bi hev ve girêdayî ne.

Zadik: Erê yanî weke ewkê... Weke siyê.

Xiltik: Ka em binêrin. *(Li fincana qehwê dinêre)* Karmendek li gîşeyê. Jinên me jî li hember wî. Forma dûvedirêj ku divê di balafirê de bê dagirtin, bi New Stockholmî ye, dema wextê wê hat divê bo karmend bê pêşkêşkirin, lê karmend di dema pêşwaziyê de wê dîsa jî bipirse "Hûn bi zimanê me dizanin?" Heke bersiv erê be, wê hinekî li ser piyan bê testkirin ziman.

Berik: Ê karê wî ev e dawiya dawî, bi taybetî jî heke tu ji bo demeke dirêj tê New Stockholmê, jixwe heke tu yek ji *yên mayînde* bî... Tiştekî asayî ye ku ji ziman, ji qewlê wî ji "zimanê me" dest pê bike.

Zadik: Wekî din, pirseke din jî heye ku ev her li pey hev in; "hûn ji ku fêrî zimanê me bûn?"

Berik: Dema dor tê dora wê di sala 1960î de, Nesrîn dibîne ku 2 saet û 17 deqqên xwe dagirtine li New Stockholmê. Bêhneke nas tê ber pozê Nesrîn û wê aram dike, bêhna şitlên asmînan ku her ziwa dikir û dixistin nav rûpelên kitêbên xwe. Karmendê gumrikê ku bala wî li Nesrîn e hêdîka bi tiliyên xwe maseya ber xwe ditikti-kîne da pelikên xwe dirêjî wî bike.

Zadik: Ka binêre. Ha-ha li vê derê *(Zadikên di destê xwe de nîşan dide)* di 2016an de, Xezal bi New Stockholmîka xwe ku sisê ye ji dehan, ji hêlekê ve hewl dide forma ku nîvgilxotî dagirtiye fêm bike, ji hêla din jî avakarên birca Babîlê dide ber sixêf û xeberan. Lêvên wê yên gezgezkirî sor bûne ji xwînê. Bi lêvên xwînî jî nabe ku bê pêşberî karmend.

Berik: Binêre, *(perçê risasê nîşan dide)* di 2046an de jî di wê rasthatina jixwebawer de, karmend hê jî naxweze qebûl bike ku New Stockholmiya Fetanetê ku bi aksentekê dawiya peyvan li hev ba dide û weke avê ji dev diherike, ji sedî sed û deh e.

Xiltik: "Lewra yanî" dibêje di dilê xwe de karmendê gumri-
kê tam di wê kêliyê de ku bi çitçitka qelema destê xwe
dilîze, "ne mumkine ev keç bi vê aksentê ji min bêhtir
pêyvan bizanibe."

Zadik: Di 1960î de New Stockholmî ya Nesrînê a bêhempa
bala karmend dikşîne helbeeet, lêbelê jixwere-mere
wiha difikire: Di bihara temenê xwe yên bîstî de, bi her
halê xwe diyar e baş perwerde dîtiye, serbixwe û tikîtenê
ev keçika esmer ma çima ne ajanek be.

Xiltik: Çi?

Berik: Piştî vê fikrê karmend, eniya xwe diqirmiçîne û diçe
ku bi midûrê xwe bişêwire. "Waweylê" dibêje, "keçikek
heye, rûyekî tarî, ji çavan diyar e li pey niccisiyekê ye,
em çawa bikin midûr beg? Tam wê kêliyê jî pasporta
Nesrînê nîşanî midûr dike karmend. Mebesta min ji
nîşandayînê jî tenê bergê wê ye yanî, da bizanibe bê ji
ku derê hatiye.

Zadik: Li ser vê yekê midûr wiha ji dûr ve lê dinêre. Li
çîmên dirêj, li bejna wê ya bedlek li ser, lêbelê piçekî
bêhtir bala xwe dide dekolteya wê ya ku ne heye - ne
tuneye, helbet tenê ji ber sedema berpirsiyariya xwe.

Berik: "Hiii" dibêje midûr beg. "Eferim ji te re lawêm, ha tê
wiha çavvekirî bî. Heq e tu bi guman bî, li wan deran
cilên bi vî rengî li xwe nakin, ez dizanim. Baş kontrol
bike, lê bikole, vekole, qet baweriya min pê nehat her kî
be ev jinik".

Xiltik: Wîîî!

Zadik: Karmendê ciwan pir kêfa wî tê. Dema bi kevîka pas-
porta Nesrîn dilîze, fikîniyek li ser lêvên wî ye. Fêm dike
terfiya wî nêz e, bi ser de jî heke ajanek be ev jin, kî
dikare rê li ber bigre êdî. "Eman" dibêje di dilê xwe de,
"ez baş bala xwe bidim vê lêpirsînê".

Berik: Helbet ev gotin ji devê wî dernakevin, lê em ji perçê
risasê dibînin ku ev guman wî karmendî dide dest. Lê
haya Nesrînê jixwe ji bayê felekê nîn e.

Xiltik: Çawa nîn e gidî? Fêm nakim! Nesrîn e, dibe ku bê tecrûbe be lê biaqil e. Derdê wê ew e ku ji pirê derbas bibe.

Zadik: Pir wiha tên derbaskirin?

Xiltik: Yanî... Ma bila hilweşîne her tiştî, çi bike rebenê?

Berik: *(ber li cinan)* Temam! Bes e! Qebûl! *(ber li guhda-ran)* Bêdengiyê wek pejirandin werdigire û spasiya kar-mend dike Nesrîn.

Xiltik: Helbet gumana ku diniqûte dilê van her sê karmen-dên ji sê wextên cihê, li gor rihê zemanên xwe hatiye honandin.

Berik: Yê Xezalê di kula wê de ye ku guman"bar"an tespît bike û nehêle derbas bibin. Bi hinceta şerê filan derê - şerê bêvan derê kes nema ku nekete hundir. Ma dewleta New Stockholmê çi bike. Dikarin her şerî li hev bixin lê rebenan nikarin her kesî wergirin dawiya dawî.

Zadik: Yê Fetanetê di taya wê yekê de ye, rê li ber vîrûsên pandemî û şewban, yên ji pêlên sêyem û sedûpêncem mayî bigre ku heta sala 2046an jî li serê wan bûne bela, bi taybetî jî nehêle vîrûsên welatên cîhana sêyem ji xwe re kirî hêlîn derbasî New Stockholmê bibin.

Berik: Nexwe ez derbasî pirsên deriyê gumrikê dibim. Piştî meseleya zimên qediya pirsên sereke dest pê dikin. Pirsa yekem: "Zayenda we?".

Xiltik: Bersiva pêşîn ji Nesrînê. *(cara pêşî ye ku Nesrîn tê dîtin)*

Nesrîn: Jin.

Berik: Dema Nesrîn vê bersivê dide, bi destê xwe bêhemdî etekê xwe dihejîne.

Zadik: Xezal jî bersiva xwe dide. *(cara pêşî ye ku Xezal tê dîtin)*

Xezal: Jin.

Berik: Fetanet di hewla wê yekê de ye ku kêliyê binermijî-ne. *(cara pêşî ye ku Fetanet tê dîtin)*

Fetanet: Sayborg.

Berik: Yanî dixwaze bibêje da dilê xwe rehet bike, lê dev jê berdide.

Fetanet: Xem nake, bêje jin û hew.

Berik: Hiiii! Wek yek ji pirsên ewlekariya New Stockholmê "ev paşnavê we yê qîzantiyê ye gelo" nayê pirsîn li du qonaxên van sê zemananên cihê.

Xiltik: Tenê ji Nesrînê dipirsin.

Nesrîn: Erê, paşnavê min yê qîzantiyê ye.

Xiltik: Ji nepirsîna vê pirsê li du zemanên din, em fêm dikin ku ji bilî qîzantiyê meraqa hin meseleyên din yên dewletî û civakî û hin tabû hene êdî li New Stockholmê li ser jinan. Fetanet li hember wê bişirîna li ser rûyê karmend ku tê bê qey bi zorê hatiye pînekirin li ser devê wî, di taya wê yekê de ye ka gelo wê çawa îzah bike ku ne mumkin e çavê wê bê skenkirin.

Berik: Lewra, neçariya ku divê rave bike û jêpiştrastbûna ku wê neyê fêmkirin ka çawa bûye qurbana yek ji daneyên girseyî ya darbeyeke leşkerî ku divê her kesê ji sê salî mezintir mecbûr împlanta çavan çê bike û ji ber têsîreke xerab a kêmdîtî ku pêrgî bûye, çavê xwe yê rastê ji dest daye, şewteke nedîtî diavêje serê wê. Awira karmend a li ser çavê wê yê kor ku bi pîneyekî bedew hatiye nixumandin giraniya barê li ser wê hingî zêde dike nayê gotin.

Fetanet: Iii... Hûn nikarin skena çav bikin ji ber ku çîp tune bi min re. / Çawa tune, tune yanî./ Ha-ha hûn çi henekbaz in karmend beg, ev tişta wek pîneyê korsanan ne aksesuwar e, erê. /Tune yanî, çalika çavê min bi temamî vala ye. Ji lewma nixumandî ye, yanî -naxwazim dilê we bixelînim lê- neçar mane bidirûn çavê min ji ber wê jî, çavê şûşeyî an robotîk jî nagire wê derê êdî. / Yanî, gelo şanî we nedim nabe lewra... / Hi hi erê tê dighîjim helbet...

Berik: Hin dibên nezel ji çav hin jî dibên çav ji nezel e, ka em wan li wir bihêlin, malbata Fetanetê bê ku ber bayê gotinên tu kesî bikevin berxwedaneke hiqûqî dane û didin ku deng vedaye ji ber meseleya çavê Fetanetê.

Xiltik: Herçendî ji hêla pisporan tê destnîşankirin ku mesele ne xeletiya doktor e jî, dadgeh biryara cizayekî pereyî ku kenê parsekan tîne dide doktor û meseleyê dinixumîne di sala 2035an de.

Zadik: Dema karmend dibêje Fazîlet Xanim tu çima hatî New Stockholmê, bersiva Fetanetê pir eşkere ye:

Fetanet: Navê min Fetanet e lê belê. Ji ber doktora ya xwe ku hatim qebûlkirin li ser Biyo-Polîtikayên Rêvebirina Koçê.

Berik: "Lê we qebûla xwe par sitandiye," dibêje karmend.

Fetanet: Di vê serdemê de kesê bê çîp, bê nasname ye. Ê ma ka çîpa min heye? Na. Ji bo bikaribim bê çîp werim ber deriyê we neçar mam ku demeke dirêj li deriyê payebilindan bidim. Vê jî saleke min xwar. Ez bi meşê bihatama ez ê zûtir bigihiştama vê derê bi xwedê. Ev e tişta dixwazim bêjim lê nikarim. Ji ber ku dixwazim ji deriyê we derbas bibim.

Zadik: Binêre pir vê carê bû derî!

Xiltik: *(ber li guhdaran)* Piştî vî şerê hundirîn Fetanet ji karmend re dibêje:

Fetanet: Erê, lê bi şertê ku di nav salakê de werî. Em hê di Nîsana 2046an de ne û wek hûn jî di belgeyan de dibînin hê mawê salakê temam nebûye.

Xiltik: Li ser pirsa karmend ya "Nexwe tu ji bo xwendinê hatî ha Nazrîn Xanim" ku serê lêva xwe xwar dike û argûşka xwe dixwerîne pê re, bersiva Nesrîn pir eşkere ye.

Nesrîn: Nesrîn ezbenî, ne Nazrîn. Erê ji bo perwerdehiyê, li Zanîngeha New Stockholmê Fakulteya Hiqûqê, Lîsansa Bilind li ser Hiqûqa Malbatê.

Xiltik: Şînê rengê çavên karmend biqasî bersiva Nesrînê ne zelal e, berçavka xwe tîne ser serê bêvila xwe -

Xiltik: "Gelo dikarim li nameya qebûlkirina we binêrim?" dipirse karmend.

Zadik: Ne ku ne li hêviya vê pirsê ye lê dîsa jî tayek digre canê Nesrîn, dosyaya pelikan ji dest wê dikeve xwarê. Hahooo! Belgeyên fermî û tilhikên ziwakirî yên asmînan ku bi awayekî ketine nava dosyayê tev li erdê. Ji bo ku tu belayekê din li xwe zêde neke bêhneke kûr dikşîne nava xwe û li erdê dihêle tilhikan. Tam wê kêliya ku nameya qebûlê a Gulana 1960î li erdê ye ji bo rakirinê, hawirdor bi xweşbêhneke kulîlkan tijî dibe.

Zadik: Karmendê çavşîn dezenfektanê li kefên destên xwe dike û difirkîne weke mêşan dema ji Xezalê dipirse:

Berik: "Min pir fêm nekir Zelal Xanim, ji bo kontenjana karkerên demsalkî a lezgîn hûn wek dansêr hatin?"

Xezal: Navê min Xezal, wek kulîlkvan hatim.

Berik: Dema Xezal wiha dibêje, karmend navmilê xwe ber bi paş ve divezilîne, tam wê gavê karmend mîna meşeke ku perikên xwe ji hev vekirine tê ber çavê Xezal.

Xiltik: "Axir. Li vir dansêr dinivîse." dibêje birheke wî li jor. "Ma derew e ev?" Xezal porê xwe yê ku li pişta stûyê wê dikeve bi lezgînî dide hev û bi dengê xwe yê herî şêrîn meraqa karmend bi dawî tîne:

Xezal: Na. Dansêr im, ji karê axê jî hez dikim. Ma sûnc e ku mirov çendîn huner hebin di dest de li vî welatî?

Zadik: Baş e ku karmend vê pirsa dawî ya Xezal nabihîze, pirsên wî girîngtir in malûm. "We serî li tu welatên din dan?"

Nesrîn: Na, qet! Tekane armanca min ew bû ku werim New Stockholmê.

Berik: Rastiya meseleyê ew e ku hatina Nesrîn ya Stockholmê bêhtir ji bo wê yekê ku xwe veşêre, tekane rê ew bû ku heta ji dest bê dûr bikeve da xelas bibe ji malbat û civata xwe, ji cîran û meclîsa xizman ku weke kewara meşê tim him-hima wan e. Ê, ma neheq e?

Xezal: Hatina Stockholmê ji bo min weke xeyela zarokatiyê bû. Armanceke wiha payebilind bû ku nikarim vebêjim. Û ji xwe bi vê New Stockholmîka xwe ya nîvco qeeeeeet nikarim, êdî hûn fêm bikin qurbana çavê we.

Zadik: Beriya ku neçar bimîne bi rêyan bikeve, qenaleke Xezal hebû ku videoyên li ser xwedîkirina nebatan çêdikir. Qenaleke YouTube ku dora hezar şopînerên wê hebûn. Piştî weşana wê ya dawîn hin gilî hatine kirin, daxwaz ji hikûmetê hatiye kirin ku tev bigere. Piştî ev gilî tên nirxandin Xezal dibe xwedî doznameyeke pir û pak helbet. Wek berpirsa êgirekî tê dîtin ku li kantîna zanîngehekê pê dikeve. Di doznameyê de wek tewanbar tê dîtin û herwiha tê îddakirin ku ji bo gumanê bikşîne ser kevokan zibilê kevokan bikar aniye. Bi ser de jî ji bo şideta teqînê zêde bike û bêhtir xeter û ziyandar be, perlît bi kar anîne li gel çendîn maddeyên din yên qedexe. Tevî van, danskirina di pêşandanekê de ji bo mexdûrên teqînê wek palpiştî û piştgiriya terorê, dersên bêpere ku li parkan didan amadekariyên çalakiyê, di weşanan de bikaranîna çend peyvên zimanê zikmakî wek şîfeyên operasyonel...

Berik: *(gotina Zadikê dibire)* Hahooo! Xwiya ye lîste hê dûvedirêj e. Kurt û kurmancî, Xezala ku ji van tawanan aciz dibe berê xwe dide nexşeya cîhanê, bi vî rengî New Stockholmê keşif dike. Vêga bînin ber çavê xwe ku Xezal li vir dijî, New Stockholm jî haaaaaaaaaaaaaaaaaaaaaaaaaa-aaaaaaaaaaaaaaaaaaaaaaaaaaaaaaaaaaaaaaaaaaaaaaaaaaaaaaaaaa aaaaaaaaaaaaaaaaaaaaaaaaaaaaaaaaaaaaaaaaaaaaaaaaaaaaaaaaaaa aaaaaaaaaaaaaaaaaaaaaaaaaaaaaaaaaaaaaaaaaaaaaaaa li vê derê ye. Ewqas dûr e. Ewqas dûrîdest e. Tam jî ji ber vê taybetmendiya vî şar-welatî ev der ji bo Nesrînê jî û ji bo Xezalê jî ciyekî bêmînak e. Ê, derdê Fetanetê çi ye nexwe?

Fetanet: Zanîngeha herî serkeftî a beşa min li New Stockholmê ye, lewra hatim.

Xiltik: Ya rast, daxwaza sereke ya Fetanetê ew e xwe bighîne arşîvên bio-data yên dewletê ku tu welatekî din cesaret nekiriye wan pêşkêşî hevwelatiyên xwe bike. Eleqeya

Fetanetê ya ji bo vî şar-welatê xerîb her ji ber vê ye.
Nexwe bêguman wê ji karmend û belgenameyên gumri-
kê re nêbêje ku daxwaza wê ew e vê derê wek gavekê
bikar bîne di riya armanca xwe de û piştî gihişt miradê
xwe dê terka vê zanîngeh û şar-welatê ecêb bike.

Berik: Pirsên karmend mîna teybekê bênavber berdewam
dikin li hember Fetaneta ku bişîrîneke jixwebawer li sêr
lêvên wê ye. "Îca Letafet Xanim, hûn ê li ku bimînin?
Heke malek be, têkiliya we ya bi xwediyê xênî re çi ye?
Hûn ê kirê bidin? Heke hûn ê ji bo demeke dirêj bimî-
nin, gelo hûn difikirin ku bibin xwedî milkekî li vê
derê?"

Fetanet: Ez nizanim Letafet wê çi bike, lê Fetanet wê li we
nebe bar!

Xiltik: Navnîşana mala du jûr û salonek, belkî salon û jûrek,
belkî jûresalon, belkî jî qutîkeke di şiklê salonê de ku
zanîngehê jê re terxan kiriye pêşkêşî karmend dike
Fetanet.

Zadik: Xezal jî di duliya wê yekê de ye bê wê hostela dema
serîlêdana vîzeyê nîşan dabû, an mala bûrayê xaltîka
hevalê hevaleke xwe, an jî wê holika ku ji bo karkerên
demsalkî hatiye terxankirin ku mala herî nêzîk 2 km
dûrî wê ye binivîse. Pênûsa destê xwe dixe hundirê topi-
zê xwe û çermê serê xwe pê dixwirîne xirt û hey xirt.

Xiltik: Nesrîn piştî destê rastê tiliyên destê xwe yê çepê jî
diteqîne û dû re navnîşana li ser pelikên wê nivîsandî li
her derî dubare dinivîse.

Berik: Pirsa di dorê de; "we çiqas pere bi xwe re anî?".
Fetanet dîsa bi xwe dihise ku bi gezan çermê neynûkên
xwe hildike, gava ku hejmara pereyê di benqeyê de tevî
bûrsa ku wê bistîne bi belgeyên wan pêşkêşî karmend
dike.

Xezal: Bi pereyê li ser hesabê xwe yê bankê, bi rihetî dika-
rim li vî welatî bijîm.

Zadik: Tam di wê kêlîka ku hê jî hewl dide xwe ji teredûta
tişta gotî û heqîqeta li holê rizgar bike destê wê li ser

lêva wê ya tijî şewt e. Êdî lêv bi xwe ve nehiştiye ku hilke
û biêşîne. Xezal hejmara pereyê di benqeyê de ku ji
hemû silaleya xwe daye hev bi belgeyên wan pêşkêşî kar-
mend dike piştî bersiva xwe.

Xiltik: "Li gor daxwiyaniya we, ji welatê we dahateke we ya
birêkûpêk heye. Gelo ew pere wê têrî we bike dema li
gor nirxê perê New Stockholmê hat hûrkirin?"

Fetanet: Erê, bûrsa min wê derfetê dide min ku bi rihetî li vî
welatî bijîm.

Zadik: Xezal bêhneke kûr distîne. Lewra metik, pîrik, xaltîk,
ap, cîran û hemû deyndêr wê yekê dizanin ku heta ji
sînor derbas nebe wê perê wan li·wan neyê vegerandin.

Nesrîn: Dahata kireyên milkên malbata min li ser hesabê
min tê razandin. Ji ber ku nirxê pereyan jî yekûyek e, ez
ê bikaribim bêyî ku li dewleta we bibim bar bijîm.

Xiltik: Ma wê ji kû bizane piştî çend mehan li ser vê gotina
wê, dê li welatê wê krîzeke aboriyê rû bide û nirxê dira-
van bi carekê re bîst qatî bikeve.

Berik: "Birîn, şanên jidayikbûnê, deq an jî deformasyoneke
wê ya laşî heye gelo? Ger hebin, sedema wan çi ye Zerîn
Xanim?"

Nesrîn: Nesrîn!

Xiltik: Biqasî ku min di fîncana Nesrînê de, tam di wê girê-
ka çavan de dît, 507 a ku wê di zikê xwe de ji herkesî
veşartî mezin dikir, li gel bedewiya diya xwe, wê nezela li
ser diya xwe jî bistîne û li ser pişta stûyê wê di şiklê pirs-
nîşaneke serserkî de şaneke qehweyî çê bibe û helbet
Nesrîn hay ji vê yekê nîn e hingê.

Zadik: Li ser vê pirsê Fertanet ji hêrsa hest dike ku rehikên
çîmê wê yê beriya sê salan şikestî û hê necebirî mîna
dilekî lê didin.

Fetanet: Çav heye çav! Tune ye a rast! Te dît min got beri-
ya niha... / Biborin, min nexwest dengê xwe bilind
bikim. Tev ji kelecaniyê, kalkê min digot; ez ji zaroktiyê
ve hinekî wiha bûme... / Li van deran ev nayên qebûlki-

rin. Min fêm kir. Hûn rast dibêjin. Bibexşînin.

Xiltik: Xezal çima wiha tîşortê xwe heta bêvila xwe kişan Zadika min? Gelo dexm, deq an deformasyoneke wê heye? Qisûrek, nîşanek, an jî şaneqedereke ku nikare bê efû û sererastkirin?

Zadik: Vêga ev Xezal di salên 2000î de wek tûrîst serdana axa xwe dike ku di salên 80î de, dema hê keçikeke piçûk e terka wê dike. Li gel komek hevalên xwe yên ji zanîngehê li bajar û bajarokên derdorê tevî digerin. Di vegerê de giraniyek heye li ser maadê wê, hiş û hestên wê. Dexma hibreke tevlî şîrê dayikekê bûyî wek barekî giran li ser rûyê wê dimîne. Xezal nîşana wê gera xwe di deqa li ser argûşka xwe de dihewîne.

Xiltik: Karmendê gumrikê sekin jê re nîne, piştî pirsa yekem helbet şêweyekî din yê heman pirsê heye ku li pey tê. "Li ser laşê te tu dexmek heye ku tu dixwazî jê bibî?"

Fetanet: Na. Lê heke çavek hebûna, nabêjim na.

Xezal: Na. Lê heke barê ya li ser argûşka min hinekî siviktir bûya baştir dibû.

Xiltik: Nesrîn bi "na - na!"yekê vê pirsê dibersivîne, bêyî ku tiştekî lê zêde bike. Tam di wê kêliyê de xwerek diavêje pişta stûyê 507. Şana jidayikbûnê a qehweyî ku di şiklê pirsnîşanekê de ye nû nû çê dibe, di bin çermê wê re xwe bel dike.

Zadik: "Ji bilî bêhna xwe ya xwezayî tu bêhneke din bikar tînî?"

Nesrîn: Chanel No 5.

Berik: Dema karmendê gumrikê li ser kaxiza pêş xwe *Chanel No 5* dinivîse, Nesrîn niqûçkekê ji xwe dide da nekene. Pirs jî bênavber berdewam in: "Xeyal Xanim, tirsa wê yekê heye ku kesek bihûngive we?" Piştî vê pirsê Xezal mîna ku şewtekê avêtibe zikê wê xwe xwar dike, di ber xwe de dibêje; "Xeyal serê te xwaro, Xezal yaw Xezal!" û careke din xwe rast dike.

Xezal: Ez dansêr im! Min fêm nekir eleqaya wê! Yanî, na, tune!

Berik: "Nezaket Xanim, gelo tu tiştek heye ku ne xwarin e lê hûn dîsa jî dixwin?"

Fetanet: Dema zaroktiyê, min çend caran ax xwariye. Kermer Beg!

Xiltik: Beşê duyem di dilê xwe de dibêje helbet.

Zadik: "Tiştek heye ku tu naxwî ji ber sedema alerjiyê?"

Nesrîn: Kundir!

Berik: "Hûn didiqdiqin?"

Xezal: Hûn ji dil dipirsin?

Nesrîn: Zaaahf!

Fetanet: Heyla...

Berik: Karmed bê ku bêhna xwe vede pirs li pey pirsê ber-dewam dike.

Xiltik: "Di tu xaleke jiyana we de, teşhîsa nexweşiya eqlî hat dayîn bo we?"

Fetanet: Waweylê!

Xiltik: "Heke na, gelo tu kesek ji malbata we heye ku teşhîs bo hatiye dayîn."

Fetanet: Biborin lê ez ê pirsekê bikim Tirmir Beg, gelo dawiya van pirsên we heye an bêdawî ye? Yanî hûn di çarçoveya kîjan yasayê de pirsên evwasî taybet dikin ji min?

Xiltik: Karmend serê xwe jî ranake û bê ku profesyoneliya xwe ya biqasî gomlekê xwe yê ûtîkirî û şahîk ji dest berde, dibêje "mafê we yê pirsê nîne vêga, piştî we sînor derbas kir, heke bi raya we, hûn rûbirûyî tevgereke xerab hatibin, hûn dikarin gilî bikin û serî li proseyên yasayî bidin."

Berik: Tu weke xiltikê berbelav bûyî dîsa.

Zadik: Malzaroka ku herçend şefaf be jî ne reng, ne jî bêhna derve derbasî hundirê wê dibe, ji bo 507 weke goreke tarî ye.

Berik: Dayiktiya Nesrîn ji hêlekê rehet bû lê bêkês bû jî. Wê demê hê teşhîsa aloziya bipolar an jî tevliheviya keseyatiyê a sersînor (borderline) li wê nekiribûn ku wê demê hemû jinên koçber yên pêrgî krîza hêrsê dibûn bi vê yekê dihatin pênasekirin.

Xiltik: Çavên tijî girêkên nezelê yên burokrasiya New Stockholmê ku weke penceyekî hesinî hatiye tûjkirin, hê li pêsîra Nesrînê nedaye yanî.

Zadik: Ev pênaseyên bi vî rengî, ne nû bûn ji bo jinên New Stockholmî lê beriya wê demê hîsterî dihat gotin jê rê.

Berik: Ma me negotibû ev jinên wek keziyekê him tevlihev him jî li lihevbadayî, di dawên xwe de bi sê girêkan hatin. Piştî vê destpêka dirêj, dor hat vegotina girêka pêşîn.

Xiltik: Girêka pêşîn li sê zemanên cihê, di dema vê jêpirsîna nîv-fermî de, bi bilindbûna serê birhên sê karmendên gumrikê yên wekhev dest pê dike.

Berik: "We tu sûncek heye? Ger hebe, naverok, cî û dema vî sûncî bi hemû hûrgiliyên wê vebêjin."

Zadik: Xezal careke din xwe di hundirê fikara wê doznameyê de dibîne ku fêm nake bê bi çi tê tewanbarkirin, çavên wê damayî.

Nesrîn: Nesrîn bêhemdî destê xwe dibe ser zikê xwe. 507 a di zikê wê de germahiya wî destî hest dike. Ava bi destê diya wê germ bûyî xelekan çê dike, dibe sedema çelqeke ecêb. Bi coşa vê çelqê, di nav ava malzarokê de dest bi avêtina teqleyan dike 507. Kêfxweşiya ku di zikê wê de difûre dibe erqek li ser lêvên Nesrîn. Ev erq dev û zimanê wê di gewriya wê de ziwa dike û çavê wê bel dibe, bi ser de jî dema karmend pirsa xwe dubare dike...

Berik: Hiiii-ihi! De were û safî bike! Nesrîn hew kare xwe bigre û li wê derê vedireşe.

Zadik: Di 2016an de xwera li ser sînga çepê ya Xezal her diçe şêrîntir dibe. Bê hay ji birincên xwendî ku xaltîka wê bi sityenê wê ve dirûtiye, ji tirsa ku dê bibêjin gurî bûye û wê bixin karantînayê dest bi kirtikandina neynûkên xwe dike.

Berik: Destê we çima her li ser sînga we ye xanim?

Xiltik: Kirtikandina neynûkan nîşana wê yekê ye ku hûn
tiştekî vedişerîn xanim.

Berik: Pisst! Çi dibe li wir?

Zadik: Di wê kêliyê de ku ev hevok bîra wê tevlihev û dil-
nerihetiya wê her zêde dikin, bêhna asmîna ku ji pişt wê
tê ber bêvila wê, mîna destekî sivik û rehmdar ku dihûn-
give milê wê, wê aram dike.

Xiltik: 507, vê vereşê wek nîşanekê fêm dike ji bo derketina
derve û piyê xwe dide ser zikê diya xwe.

Zadik: Piştî vê vereşê, tevgerên Nesrîn yên tijî kelecan ber
bi zikê wê ve, teoriyên komployî yên di hişê karmend
de zêdetir dikin. Karmend piştî berçavka xwe ber bi
serê bêvila xwe ve xwar dike, ji Nesrîn dipirse; "hûn
tekez jê bawer in ku hûn bi tenê ne?"

Xiltik: Nesrîn piştî ku ji bilî keça wê û organên wê tiştek
namîne di zikê wê de ku vereşe, serê xwe bilind dike û
bi bişirînekê li karmend dinêre. Karmendê jîr û zîrek ku
bêhna terfiya xwe ya tekez dike, wek bersivekê li hem-
ber bişirîna Nesrînê, li pîpîka bi stûyê xwe ve daleqandî
dixe û bangî polîsên gumrikê dike. Rebana 507 a ku van
dengan hemûyan dibhîze lê nizane bê çi diqewime, ji
nav malzarokê hewl dide deng bide.

Berik: Di 2046an de, Fetanet piştî ku xwedênegiravî ji ber
bêçîpitiyê rûbirûyî lêpirsîna tazî dibe, di 2016an de
Xezal ji ber xwera laşê xwe, di 1960î de Nesrîn jî tam li
wî ciyê ku hinava wê ji devê wê derdikeve, tên lêpîrsîn.

Zadik: *(Karmend)* "Ez qane nebûm."

Fetanet: Bi çi?

Zadik: *(Karmend)* "Bi hinceta bêçîpitiya we ku şûna pasa-
portê digre."

Fetanet: Lê belgeyên min yên din hene ku şûna wê digrin.

Zadik: *(Karmend)* "Ne qaneker in."

Fetanet: Heftê û sê belgeyên bi îmze, mohr û teahûd ku ev salek in helw didim bidim hev?

Zadik: *(Karmend)* "Ne pêbawer in."

Berik: Ji bo kêliyekê mîna sergêjahiyek were wê, ber çavê
wê şîlo dibe, Fetanet dixwaze rabe ser piyan û here. Dû
re bayekî hênîk hest dike li dorhêla xwe ku bi nazdarî wê
hembêz dike, dû re bêhna kulîlkekê ku hewl dide navê
wê bîne bîra xwe wê tîne ser hişê xwe.

Fetanet: Ev ne asmîn e?

Zadik: Dipirse jixweremere. Pişta Fetanet zîç dibe. Jixwe
êdî fêrî bûye xelk gumanan jê bikin ji ber çavê wê yê
nezelî. Wê nehêle ev miemele zora wê bibe helbet, ma
ne ji zaroktiyê ve hînî van tiştan bûye.

2. Lihevrasthatin

Berik: Lê meseleya me ne ew e vêga; mesele, heke em bidin
dû wê bêhna asmînê, dawiya dawî em ê bighîjin wî
sûncê ku Fetanet pêk tîne herçend tu carî bîra wê nabe
dema ji sînor derbas dibe. Ango em ê bighîjin çîroka
rasthatina van her sê jinan ku wan bi hev ve girê dide
piştî ji deriyê gumrikê derbas dibin.

Zadik: Jûra arşîvê ya zanîngehê. Ji bo bikaribî derbasî jûrê
bibî, pêwist e her du çav bên skenkirin. Lê cotê çavan ji
ku bi Fetanetê re da bide skenkirin! Ji dêvla wê ve, her
cara ku bixwaze derbasî jûra arşîvan bibe divê tehlîla
xwînê çê bike.

Xiltik: Rojek ji rojan dema Fetanet di nav arşîvan de ye, ji
sîstemê hişyariyekê werdigire ku jê re dibêje dosyayek
heye bi DNA ya wê re li hev dike.

Zadik: Xwediya dosyayê nîv-xaltîka Fetanet e. Nîv-xaltîk çi
ye îca? Ango xwediya dosyayê keça kalkê Fetanetê ye lê
ne ji pîrika wê ye. Nîv-xaltîka Fetanetê kî ye: 507.

Xiltik: *(ber li guhderan)* Erê, erê min bihîst! Niha hûn vêga
dibêjin; "wîî cinkokno! Hûn çima berê xwe didin vê
newala merivatiyê?" Vêga rengê meselê wiha ye; kalkê
Fetanetê Cemîl dema bi zar û zêç bûye, li gel Nesrîna ku

keça dostekî wî ye û di bûroya wî ya hiqûqê de staja xwe dike, têkiliyeke wî çê dibe. Cemîl hingê 45 salî ye, Nesrîn jî 20. Nesrîn bi hemil dimîne, piştî ku Cemîl zorê lê dike zarokê ji ber xwe bike, Nesrîn dibêje min kir. Dû re jî bi dizî belgeyên xwe dide hev û rasterast berê xwe dide New Stockholmê. 507 di zikê wê de helbet.

Berik: Ev merivatî, ne wiha jixweremere lê piştî gereke li nav sîstemê derdikeve pêşberî Fetanetê. Piştî bidestxistina van daneyên genetîk, kelecaniyek li Fetanetê digre ji bo derbasî jûra sîmûlasyonê bibe. Lewra li vê derê dikare li gel sîmûlasyona 507 hevdîtinekê pêk bîne. Helbet ev yek li dijî yasayan e.

Zadik: Vêga Fetanet wê sîstemê serobino bike, di hundirê programê de ku ji wan we ye girtî ye, wê deriyekî ji xwe re çê bike ku tenê ew dikare jê derbas bibe. Ji derve, dergehekî razbar ku ber bi hundirê arşîvê ve rêyekê vedike û nikare bê girtin. Ev qûlika algorîtmîk a di nav sîstemê de ku bi şaşî pêrgî dibe, wê bibe sedema wê yekê ku serêşiyek xelek xelek ji çalika çavê wê yê nezelî ber bi serê wê ve berbelav bibe bi rojan. Fetanet, rojekê wê biryar bide ku bi serê çiqlê mîgrena xwe bigre û ber bi belaya xwe ve bi rê bikeve. Şert e hûn vê riyê bibînin.

Fetanet: Sistema Arşîva Gennasî ya Koçî li New Stockholmê, hejmara nivîsbariyê 10.3. Deng bide dengê min.

Xiltik: Sînyaleke renge-şînê firûze li ser kompûterê bala Fetanetê dikşîne dema bi kelecanî kabokên xwe dilerizîne. Mîna ku kompûter dixwaze wê ji rê derxe. Deriyê paş vekirî ye. Gerêz bi devê Fetanetê dikeve ji kêfan, xarika çavê wê fireh dibe, dilê wê bi 170î lê dide.

Fetanet: Dosyaya hejmara 507 veke û ji bo jûra axaftina ferazî amadekariyan temam bike. Balkêş e, sîstem dikare ji zayînê heta mirinê min bibe her dîrokê. Min nizanibû ev taybetmendî lê hatiye barkirin... 1968 ji kerema xwe!

Zadik: Vêga vî wextî Nesrîn 28, 507 jî 8 salî xwiya dibe. Di jûra sîmûlasyonê de Fetanet û 507 li ber dîwarê avahiyeke bilind in. Dîwarekî ku xetên ecêb hene li ser. Ji bo keçik bikaribe xwe bighîjîne jortir, li ber dîwêr sêlimeke hesinî hatiye danîn. Sêlimeke ji qama wê mezintir ku bi hilkişîna her pêpeloka wê re rengên wê jî gurtir dibin.

Zarok 507: Neke pifepif li ser serê min.

Fetanet: Te gote min?

Zarok 507: Ka binêre, ji ber ku boyaxa min a sor qediya diya min pincar kelandin.

Fetanet: Ew li kû ye? Diya te yanî?

Zarok 507: Li hundir e, digrî.

Fetanet: Digrî? Çima?

Zarok 507: Dixwazin wê vegerînin welatê wê.

Fetanet: Ma ne welatê te ye jî ew der?

Zarok 507: Na, ez li vir çê bûm. Wê min li vir bihêlin.

Fetanet: Tu dixwazî ew bimîne?

Zarok 507: Heke polîs bixwazin dikare. Heke bimîne em dikarin bêhtir wêneyan bi hev re çê bikin.

Fetanet: Dersa wêneyan dide te?

Zarok 507: Her tiştî diya min fêrî min dike. Tenê New Stockholmî fêrî min nake. Lê ez hîn bûm.

Fetanet: Çawa yanî?

Zarok 507: Dema diya min ne li ba min e, dikarim biaxi-vim.

Fetanet: Ê diya te?

Zarok 507: Belkî ew jî diaxive dema ez ne li ba wê bim.

Nesrîn: *(deng dike)* Suzaaan! Tu bi kê re diaxivî?

Fetanet: Navê te Suzan e? Ew dengê diya te ye?

Zarok 507: Nexêr!

Fetanet: Çi? Te go çi?

Berik: Di vê navê de, hewce ye em vê yekê neqil bikin, piştî ku Nesrîn dibêje ez bi tenê me û dest bi jiyana xwe ya nû dike li New Stockholmê, wek sûcdara sûcên nepêk-hatî tê dîtin.

Nesrîn: Wey nexêr!

Berik: Nesrîna ku dê û bavê wê ew bi kedek ji kedan mezin kirine, li yek ji dibistanên herî pêşverû dane xwendin û bi edeba xwe herkesî sermest dike, yekem nexêra xwe wê rojê bikar tîne. Piştî zayînê, ji ber sedema ku ducaniya xwe veşartiye dema derbasî New Stockholmê dibe, tê xwestin ku bê dersînorkirin. Lê 507 ango bi navê diya wê lêkirî Suzan, ji ber ku wek hevwelatiya New Stockholmê tê dinyayê, mafê wê heye ku "bi derfetên herî baş" yê dewletê bê mezinkirin. Nesrîn, zaroka wê bi xwe be jî, nikare hevwelatiyeke ji 16 salî piçûktir bêyî destûra dê û bavê wê ji welêt derxe ku ew jî divê hevwelatiyên New Stockholmê bin. Ji ber ne dê û ne jî bavek heye li holê ku hevwelatiyên New Stockholmê ne, divê Nesrîn biçe, 507 bimîne.

Nesrîn: Wey nexêr!

Zadik: Nesrîn parezereke gelekî serkeftî ye. Yeko yeko belgeyên xwe dide hev û li bûroyeke hiqûqê dest bi kar dike. Ji ber ku ne hevwelatî ye ne wek parêzer lê wek şêwirmend derbas dibe navê wê. Parêzerên New Stockholmî ku pê re kar dikin, bi xêra zanîna wê li ser hev dozan qezenc dikin, lê helbet van serkeftinan bi bêminetiyekê ji xwe re dikin mal.

Nesrîn: Nexêr!

Berik: Lê Nesrîn bi biryar e ku zaroka xwe nehêle. Ber xwe dide, çawa ku ji vîzeya xwendinê derbasî vîzeya karkirina nîvwextî dibe, pêvajoya hiqûqî dide destpêkirin. Ev yek jî piştî bûroya ku du salan lê kar dike bi hezar minet û xwînmijandinê nameyeke sponsoriyê jê re dinivîse, pêkan dibe helbet.

Xiltik: Di wan deman de ku bûroya hiquqê heta tu bê bes xwe giran dike da bi awayekî adilane heqê wê bidinê, karmendên wê derê nivîsgehê pê didin paqijkirin, çay û qehwê pê didin çêkirin û ji bo ku wê hînî vê cîhana medenî bikin, şîretan lê dikin ku piştî çûna tiwaletê divê destên xwe bişo.

Berik: Dema ku van pê didin kirin jî, lêvên wan ji hev vezilî,

weke wan reklamên macûnên diranan kenekî pasîf agre-
sîf li ser lêvên wan e ku bi çrisîna diranan hewl didin
wan çavên mirî binûxûmînin.

Zadik: Ka em vê li vir bihêlin, Nesrîn ji hêla din ve jî di taya
wê yekê de ye ku wê xeber here guhê malabata wê, ne
dikare bi xew ve here ne jî dikare bixwe û vexwe; lê dîsa
jî ne dev ji doza xwe û ne jî dev ji dozên din berdide ku
şêwirmendiya wan dike.

Berik: Wê demê sal dibe 1972, tam jî wê demê Nesrîn dix-
waze bi çepilê zaroka xwe bigre û li hember hemû fişa-
rên civakî û gefên polîtîk vegere welêt. Gelekî baş diza-
ne ku heke ji wî deriyî bi wî rengî derkeve, careke din
nikare vegere New Stockholmê lê êdî ew bûye hosteya
wê yekê ku ber bayê tiştekî nakeve. Tam di wê demê de
bobelatek diqewime li welêt, hemû nasên wê têbiniyan
li Nesrîn dikin û dibêjin; *nebî nebî vegerî!*, " Li wir kevi-
ran bikşîne, lê venegere".

Zadik: Ew têbiniya ku divê venegere ji New Stockholmê,
yek ji adetên kevnare ye li welatê Nesrîn.

Xiltik: Nesrîn nikare vegere. Bi salan didome doza di nav-
bera Nesrîn û dewleta New Stockholmê de. Di her
danişîna dadgehê de dayikbûna wê tê pirsîn, bi kêmasî û
xemsariyê tê sûcdarkirin. Nesrîn her ku giraniya laşê
xwe ji dest dide lê ji hêza xwe nakeve. Berpirsên xizmeta
civakî bê xeber bi ser mala wê de digrin da binêrin bê
507 li gor çanda New Stockholmê tê mezinkirin an na.
Nesrîn êdî tê radeyeke wiha ku, li mal hemû pirdeyên
xwe dide ber, dema li kolanan dimeşe li pişt xwe dinêre
û demekê ji bilî çûna dadgehan ji mal dernakeve.

Berik: Nesrîna ku balqona xwe dike bostan û mala xwe
dibistan, di nava rojan de ji bo kêliyekê jî çavên xwe ji
507 nade alî. Bi şevan jî heke ji bo demekê çavê wê bên
girtin bi hewar hewaran ji kabûsan şiyar dibe. Li ser van
hewaran dema cîran giliyê wê ji polîsan re dikin, destê
dewletê hê bi hêztir dibe.

Nesrîn: Nexêr, nexêr, nexêr, nexêr, nexêr!

Zadik: Nesrîna ku çarmedora wê hatiye pêçan, wê roja ku doza muwekîlê xwe yê dawîn jî qezenc dike û diçe mal, tê şermezarkirin lewra bêyî xatir ji tu kesî bixwaze partiya serkeftinê diterikîne ku ji hêla hevalên wê yên parêzerên New Stockholmî tê lidarxistin da xwe bi xwe pîroz bikin herçend tu para wan tune be jî di vê serkeftinê de.

Xiltik: Li ber maseya xwe rûdine, çi xwecihî çi jî navdewletî bo hemû saziyên çapemeniyê bi hemû hûrgiliyên wê nameyan dinivise li ser têkoşîna xwe ya hiqûqî ku bi salan dide. Ji ber ku bûye weke ta û derziyê, kursiyê di bin de goştê laşê wê diêşîne.

Zadik: Roja dîtir li ser sifreya taştê, karê şandina van nameyan dide 507. 507 ku diya wê rê nade kêliyek be jî ji ber dawa wê dûr bikeve, ji kêfan bi firê dikeve dema vê azadiya piçûk bi dest dixe, çawa nameyan distîne ber bi postexanê bi rê dikeve.

Berik: Wê rojê, tam di 12 saliya 507 de, piştî xwarina taştêyeke xweş û vexwarina qehweyeke têrkef û bêşekir, cara dawî lanetê li vê jiyanê tîne ku lê hatî sepandin û xwe dadileqîne.

Zadik: Di dawiya nameyê de jî daxwaza wê yekê ji dezgehên çapemeniyê dike ku nûçeya xwekuştina wê li gel vê daxwiyaniya wê biweşînin.

Xiltik: Xwedêkirî wê Fetanet şahidiya vê xwekuştinê neke û wê rojê wê ji jûra sîmûlasyonê zû derkeve li gel 8 saliya 507 di bîra wê de. Lê piştî lêkolînekê wê van nameyên Nesrîn yên berî xwekuştinê bibîne û wê pê bihise ku ev name bûne sedem bo guherîna yasaya ku zarokên li New Stockholmê jidayikbûyî û dayikên wan yên ji welatên din ji hev vediqetine.

Berik: 507 jî wê Fetanetê ango vê jina yekçavî ku di wan demên zaroktiya xwe a bi tenê de wek xeyaleteke ku ji dahatûyê xwe şanî wê dide û dîsa ji nişkê ve winda dibe, di wan deman de ku maddeyên hişbir bikar nayîne weke tecrûbeyên metafizîkî bi cih bike di bîra xwe de. Carnan wê here û were hewl bide vê jina nenas a di xewnên xwe de nas bike, carnan jî -bi taybetî di salên 1980î de dema dibe dîvaya jêrzemînan di cîhana muzîka pank-elektronîkê de - wê vê jina sayborg a yek çavî gelek caran di rismên xwe de xêz bike, heta ev resim wê bibin îlham bo li darxistina kokteyleke navdar a bi navê *"medûsaya sayborg sayklops"* li bareke ku tim lê ye.

Xiltik: Fetanet jî sala 2051ê dema li gel hevalên xwe yên zanîngehê ji bo xwarinekê dertê derve, her çend pir meraq bike jî ji ber ku wê di tehlîla wê de alkol xwiya bike wê nikaribe ji wê kokteylê vexwe.

Zadik: Wîî lê ka bisekine! Me digo sûnc ne wisa?

Berik: Sûnc! Ê helbet, her girêka navikê sûncekî li xwe dihewîne û ji xwe heke ev girêk ko be, de were û ji hev veke.

Xiltik: Sal 2014, Xezalka me bi qasî ava binê erdê teze, dilgeş û bicoş e. Hê fikra çûna New Stockholmê neketiye bîra wê.

Zadik: Binêre, ji mala xwe ya tijî bêhna kulîlkan vîdeoyeke nû bar dike qenala xwe ya YouTube.

Berik: Vîdeoyeke ku wê bibe sedama serêşiyeke mezin jê re.

Xiltik: Berpirsa êşê kulîlka Dil bi Dil (ceropegia woodii) û biberkirina axa guldankan.

Zadik: Ji kerema xwe vîdeoyê ji xuleka 7an dest pê bike. Di vê navê de Xiltik û Berika min a bedew gelo hûn jî dikarin şîroveyên vîdeoyê bixwînin, ji kerema xwe, ger ne zehmet be, ger we dil hebe? Ji vêga ve gelek spas.

Berik: Axx tev ji rûyê van jinên me. Hezar hêvî, û her hezar û yek lêborîn li serê zimanê wan.

Xiltik: Ê helbet ev e tişta ku pêşî divê bê fêrbûn. Li New Stockholmê bê rica, lêborîn û spasî tu devê xwe vekî, wê lêvên xwe bi ser hev de birepisînin, bi enîşka çavên xwe awireke wiha ji te vedin, mîna tu çilptazî bî tê ber xwe bikevî. Wiha dibêje Xezal.

Berik: Tu kêliyekê bes belawela bibe tu jî bes xwe bireşîne, da em vê çîrokê vebêjin ji kerema xwe! Şîroveyan bixîne û bes.

Xiltik: Malaminê tê bê qey ne ew e ya ku hema diteqe û belawela dibe.

Zadik: Oho! Me digo vîdeo!

Xezal di çarçoveya vîdeoya YouTube de xwiya dibe.

Xezal: ...çawa min derfet dît, min baz da bexçê botanîkê. Xeman nexwin, min vîdeo jî kişand da bi we re parvebikim. Vêga em vegerin mijara xwe. Vê heftiyê ez ê ji we re behsa merheleyên çandina kulîlka Dil bi Dil bikim.

Xiltik: *Mehmet1071:* Ji we we ye hûn dikarin rêxistina xwe bi navên wiha veşêrin xanimê. Herkes baş dizane hûn ne kulîlkek in!!!

Xezal: Têlikên wiha kinkirî hene di destê min de. Qûnka van tilhikên bedew bi axê direpisînim dû re serikên wan bi van têlan girê didim. Noqandin tê gotin ji vê rêbazê re. Ev rêbaz li park û bexçeyan ji bo zêdekirina nebatan pir tê bikaranîn. Bi taybetî ji bo nebatên ku hez dikin xwe bipêçin ev rêbaz pir bikêr tê.

Xiltik: *Ahikoç1254:* Çavqehpî û xayîntiya we xelas nabe. Ew mabû ku hûn dest biavêjin kulîlk û kêzikan jî.

Xezal: Bê ku ji koka nebatê bibirim min tenê qûnka şaxikê wê xist binê axê. Di nav du pelikên wê çavikên wê hene. Piştî ku axa xwe girt bi demê re wê mezin bibe, ew çavik wê bibin girêk û ji wir jî wê şaxikên nû biavêjinê. Efsûna mezinbûn û zêdebûnê di vî beşê piçûk de ye.

Berik: *LawikêPiçûkKuWêneyêMezinDibîne:* Nebêje me fêm nekir xanimkê. Çavik, mûxbîrên ku xebaran didin xayînan, kok jî dewleta ku dixwaze bê damezirandin. Em ê nehêlin!

Xezal: Îsal hin kesan sûdeke baş ji axê wernegirtin. Bawerim ji ber vê yekê jî gelek pirs hatin ji hêla we, bi taybetî; çawa em dikarin axa xwe bibertir bikin? Ger we jî dil hebe em hinekî li ser vê babetê xeber bidin. Biqasî ku ez dibînim hûn hemû li bajarên mezin dijîn û herkê xwedî balkoneke piçûk in, ger ew jî tune be heta ji dest we bê hûn dixwazin ber şibakeyên xwe bikin wek bexçeyekî.

Xiltik: *Mücahit66:* Erê erê hûn ê wan balqonkên piçûk bikin bexçe!!! Me jî fêm nekir!!! em ê tu carî nehêlin.

Xezal: Wek min berê jî gotibû tu bexçe an jî balqoneke min tuneye lê ez pir diçim nav bostanên bajêr.

Xiltik: Gurêboz41: Bostanxane ciyên kêşandinê ne. Bostanxane!!! kerxane!!!

Xezal: Bi taybetî baş fêrî proseya gubrekirinê bûm. Wekî din nebatên nava mala min jî qet ne xerab in. Wek hûn li pişt min dibînin ev malka piçûk bû mîna laboratiware-ke kesk. Ji bo provakirina dansê cih nema. Avêtina du teqleyan li vê derê ji dîtina stêrkan dijwartir e di nava rojê de. Ez êdî provayên xwe li park û bexçeyan dikim.

Xiltik: *İhbar6406:* Stêrk!!! Laboratiwar!!! Himmmm!!!

Berik: Şîroveyên di bin şîroveya *İhbar6406:* Em vîdeoyên dansa îdeolojîk yên vê jinê jî dizanin. Provaya çi ye ew? Xwedê zane çi dike di wê malê de... Jixwe ew der ne mal e yaw aq. Hûcre ye hûcre!!!

Xezal: Bi kurtasî divê nebat ji axa xwe hez bike. Helbet car-nan ev hezkirin bi carekê re çênabe. Nebat ziwa dibin, xera dibin, kêzikî dibin. Hingê jî hin mudexale divên. Ji bo destpêkê hûn dikarin pêşî axa wê ya ku vîtamîn û mîneralên wê kêm bûyî bihêz bikin.

Xiltik: *Ahi1298745950:* Ji te we ye em fêm nakin bê çi ye mebesta te ji bihêzkirina axê xayînê! Nebê me ji bîr kir wan dîmenên çalakiyên ku tu beşdar bûyî. Xwedênegiravî hunermend û hawîrparêzên wek te, welat perçe dikin. Lê hûnê nikaribin, hûnê nikaribin wan axan bihêz bikin.

Zadik: *(ber li Xiltik)* Wîî îca bes e êdî.

Xezal ji çarçoveya YouTube derdikeve.

Zadik: Xezal piştî karê daneheva fêkiyan li çolwarên New Stockholmê wê ji wir derbasî nava bajêr bibe, ji firaxşûştinê heta bi karê lênihêrtina extiyaran wê gelek karan tecrûbe bike, tevî şanaziya ku heq ji her karî tê wê demekê bi matmayînekê bijî ku bi tu hawî nikare têra

debara xwe pereyan qezenc bike. Lê bi saya patronê
xwe yê ku ji bacê didize, wê demekê bêfermî kar bike û
hinek pere bide hev. Tam di wê gavê de ku dixwaze bi
van perayan derbasî ciyekî paktir bibe, wê mala wê ya li
ser pişta wê bê şêlandin, kompûter, kemera û pasaport
û hemû perê wê dê bê dizîn. Di dema îfadeya xwe de
nikare behsa pereyan jî bike ji polîsan re ji tirsa ku wê jê
bê pirsîn ev pere ji ku hat.

Xiltik: Vêga jî dor hat çîroka lihevrasthatina Xezal û 507.
Lê pêşî divê em behsa hunera 507 bikin. Wêneyên 507
jî weke qedera wê giran, tijî neqş û tevlihev bûn, mîna
qeyweyeke ku ji dilê safî difûre û rê ji xwe re çêdike bi
kefa xwe, tijî bûn bi balindeyên ku ji dahatûyê xeberan û
masiyên ku miradan tînin bi xwe re.

Zadik: Weke du evîndarên lihevbadayî, weke gijika porê
bihevketî, weke lavlavka jehrî li spîndarekê badayî, weke
wan novikên ku di malzarokê de cêwî pê hev dixeniqî-
nin tijî girêkên ko û tevlihev bûn ev wêne.

Berik: Lê belê tam jî ji ber van novikên lihevbadayî 507 a
ku demekê dîwarên wê malzarokê bi coşeke dilovan
dixemilîne, di 59 saliya emrê xwe yê li New Stocholmê
de, tam di wê kêliyê de, dema di nîvê hola pêşengeha
xwe de disekine, ku ji hêla bankeyeke pir mezin a nav-
dewletî ku rêveberiya şaredariya New Stockholmê,
dewleta ku New Stockholm girêdayî wê ye, heta împa-
ratoriya ku New Stockholm girêdayî wê ye tê piştgirîki-
rin, him ji bo piyaseya hunerê xwedî giringiyeke mezin e
û him jî mezintirîn gava wê ye di hemû kariyera wê ya
hunermendiyê de, wê bi awireke tijî diltengî li vê pêşen-
geha xwe ya retrospektîf binihêrta.

Zadik: Berhemên wê ev bûn:

Berik: Nîgarên xalîçeyan, fincanên şikestî, fotokopiyên
pelikên xet û xweşnivîsan, hin vîdeoyên xwepêşandanan
ku tu têkiliyeke wan bi hev re tune ne, pêlavên li ser
hev, tabûtkên rengîn, vîdeoya serokê pêşîn û yê dawîn a
welatê berê ku bi ser hev de hatiye montajkirin û nayê

fêmkirin bê çi ye, amûreke muzîka gel ku banda sansûrê li ser têlên wê hatiye alandin, lihêfeke satên û pembe ku bi xwîna adetê hatiye seyandin.

Xiltik: Ev pêşengeha tijî îronî û mîzah ku ji hêla 507 bi mebesta tinazpêkirina bi pêşdaraziyên New Stockholmiyan hatî xemilandin, ji hêla New Stockholmiyan ve-

Zadik: *(gotina wê dibire)* wê bi minminên "dirrindeyên reben ku li welatên dûr dijîn" û "erê erê hê jî li wan deran patrîarkî hebûye sed heyf û mixabin" bihate gerîn û herçend qet neçûbe welatê xwe yê dûr û bêguman hov, kesên li pêşengehê wê ji dil û can bawer bûna ku 507 welatê xwe bi şêweyê herî rast û rasteqîn nîşan daye.

507a Navsere : Ji bo pêşengeha min a retrospektîf, kesekî ku beşdarî anketa li ser medyaya civakî bûye ji min xwestiye karekî bikim ku ji bîranînên min yên herî dûr û herî nêz pêk tê. Karmendê gumrikê bûye. Ma ez ê dilê te bihêlim karmendê hêja? Ka bifikirim... di 17 saliya xwe de min sêwîxane da ber êgir. Piştî diya min xwe kuşt min jî zimanê wê ji serê xwe şûşt. Li ser dîwarên sikakan min wêne çêkirin. Ez dam ber dehfan, carnan jî çepikan. Lê dilê min ê ku te digo qey wê ji canê min bipeke tu carî wiha lê nedabû.

Zadik: Di Hezîrana 2013an de, hê dema Fetanet ne bizir e jî di nav ava xwe de, Xezal dê û bavê Fetanetê ji hundirê perikê ewrekî gaz û dûkelê xelas dike bi destên xwe.

Berik: Dê û bavê Fetanetê wê demê hê hev nanasin, herdû jî xwendekarên zanîngehê ne, rojekê ji rojan tem di kêliyekê de ku herdû ji heman sikakê derbas dibin, ji nişkê ve di bin bombebarana gazê de dimînin, herdû jî dibehitin di ciyê xwe de dema bi carekê re hin zilamên bûhadar ber bi wan ve baz didin ku kes nizane ji ku derdikevin.

Xiltik: Tam wê demê Xezal bi çeplê wan digre û dixe dikana amûrên muzîkê ku wê jî xwe avêtiyê. Bi ser de jî erza wan dibe:

Xezal: Hûn çi dikin weke mirîşka gêjikî wiha! Hûn çima narevin!? Xwe veşêrin!

Berik: Dû re Xezal lê dixe diçe ba kesên ji hiş çûyî, lê ev herdû li hev dinêrin. Her li hev dinêrin.

Zadik: Nêrîn jî nêrîn e ha! Tovê Fetanetê jî bi wê nêrînê tê avêtin jixwe.

Xezal: 507 çi ye? 507 çi ye yaw! Bila biqeşite here! Ma însan e an hejmara dosyayekê ye ev jin? Ev çi ye yanî? Wîî ka bisekine xwedêkî, ji hêrsan çavê min şewitîn.

Berik: Lewra di sala 2017an de tam di wê kêliyêde dema Xezal di bêhnvedana çixareyê de ye û li gel hevaleke xwe ya ji welêt galeriya hemberî wan dikişkişîne ku bêhna wê jê teng bûye, dûyê cixareyê tê çavê wê.

Xezal: Tê bê qey nanê xêrê belav dikin, ka li vê dorê binêre! Yê ku vê ecêbê bibîne, wê bê qey ev reben bê hunerê xew bi çavê wan nakeve! Ka ev çi hal e xwedêkî xwe dixinê, tenê ji bo xwe binepixînin û bibêjin; *erê helbet pir otantîk e lê bandora şaristaniya me ya li ser hunermendan jî divê neyê jibîrkirin.* Hashtag em çûn pêşengehê, hashtag me li çanda xwe zêde kir, hashtag pirr rengîn! De bicehmin herin min di kultira we de rîno! Hema hêvîdar im yek ji we jî negihîjê sibê!

Berik: 507 demekê ji dûr ve li Xezal dinêre. Xezal vê pîrejina pirpitî û kincên wê yên hîpî dibîne lê ber bayê wê nakeve. Piştî bi xezebekê hêrsa dilê xwe vala dike, tevî çend mirç-mirçên maçan û kenekî sivik telefonê asê dike. Li ser vê yekê 507 a ku baş dizane man û neman girêdayî tevgerên di wextê rast de ye, dest bi axaftinê dike.

507a Navsere: Gelo hûn dikarin çixareyekê bidin min jî?

Xezal: Wîî! Hûn ji me ne?

507a Navsere: Hûn ji ku ne?

Xezal: Na, ne ji me yî. Ji zimanê te xwiya ye. Tu li vir çêbûyî. Dê û bavê te ji me ne.

507a Navsere: Tu çima bihêrs bûyî gava din?

Xezal: Ji ber vê pêşengehê. Tu çûyî wê?

507a Navsere: Neçûm, tu?

Xezal: Wey piyê min bişikesta û neçûma! Xwedênegiravî yeke ji me ye. Ji bo xwe bi New Stockholmiyan şêrîn bike, tu tişt nemaye ku negotiye me.

507a Navsere: Te jê hez nekir?

Xezal: Ka çiyê wê heye ku jê hez bikim xwedêkî? Bi ser de jî kesên ku dibhîzîn hunermend ji welatê me ye, tên di derbarê wê de xweşgotinan direşînin bi ser min de, dû re çavên xwe zzzooooq dikin li hêsirên bextewariyê digerin di çavê min de. Di wê navê de xavxavok, bêheya, bêrih, bêderpî, bêzirret, hema çi tê ber devê min dibêjim lê ji wan we ye ez jî pesnê wê didim bi zimanê xwe. Axir ne hewce ye em gotinê bi vir de û wir de bibin. Karekî wek gû ye! Te çixare xwestibû. Ha ji te re. Xezal ez.

507a Navsere: Ez jî 507.

Zadik: Bêdengiyek heye li vir. Tiştê ji me ve xwiya ye, kenekî xinzîrî li ser rûyê 507 û hinarkên sor yên Xezal. Dû re wê hê pirî caran di van bêhnvedanên çixareyan de hev bibînin. Xezal di wan bêhvedanên ji karê qehweya pêla sêyem de, 507 jî li galeriyeke din a nêzî wê piştî performansa xwe ya bi navê "Hunermenda ku hûn lê digerin nayê dîtin". Xezal hemû pirsên di serê xwe de wê li ber 507 raxe, 507 wê hin pirsên din jî li ser van pirsan zêde bike ku bi zimanê wê yê zikmakî jê tên pirsîn, bi rojan û bi mehan wê hevrêtiyê bikin ji hev re bi vî rengî.

Berik: Lê di eslê xwe de 507 şewatker e. Him jî kujer. Bi ser de jî derewker.

Zadik: Ne wiha jî, yanî bibêjin ku ji ber hin sedeman tevlî hin meseleyan bûye.

Berik: Wekî din jî navê wê Suzan e!

Xiltik: Piştî mirina diya wê Suzan ji hêla dewleta New Stockholmê ve li sêwîxaneyê tê bicihkirin, li vir li her derê wêneyên wiha çêdike ku tu kes ji wan fêm nake. Ji ber travmaya xwe her diçe zehmettir dibe danûstandina pê re, bi ser de jî her cizayan dixwe Suzan. Tam di wê şevê de ku saet 17 saliya wê nîşan didin, xwe dide hev û lê dixe direve ji sêwîxaneyê. Dema diçe jî bi niftika ku çixareya xwe pê dixe, nivîsgeha rêveberiyê dide ber êgir. Suzan jî tevî wan belgeyên di nivîsgehê de dişewite û dibe xwelî.

Berik: Dikuje yanî Suzanê.

Zadik: Wê rojê navê 507 li xwe dike ku hejmara dosyeya wê ye. Her çawa be jî wê bê vederkirin dawiya dawî. Xezal jî di 2018an de dema çenteyê wê tê dizîn, herçendî neçar be nasnameyeke nû derxe jî, nikare biçe konsolxanya welatê xwe lewra doznameya wê bêhtir tevlihev bûye dema ji welêt derdikeve. Herçendî bi riyên yasayî ji welêt derketibe jî, ev yek wek rev li doznameya wê hatiye zêdekirin. Li wetanê xwe yê berê bûye qaçaxek êdî. Rojekê wiha bêmal, bêwetan û bê pasaport rastî kumpanyayeke dansê tê Xezal. Balindeyên New Stockholmê ku ji xwendinê têr nabin, hespên ku ji bezê nawestin, siyên darên qewî jî hevrêtiyê dikin ji vê kumpanyayê re. Dest bi rêwitiyekê dikin pêkve...

3. Girêka Cerrahan an jî Pêşkêşa Fetanetê

Berik: Pirseke nû heye di forma gumrikê de ku di sala 2023an de lê hatiye zêdekirin. Di 2046an de ji nav hemû jinan tenê Fetanet wê neçar be ku vê pirsê bibersivîne.

Xiltik: Edalet an fonksiyon?

Zadik: Ew çi ye xwedêkî, weke lîstika rastbêjî an wêrekiyê?

Berik: Yanî helbet ne qam lê bikêrhatîbûna wî girîng e, lê dema wiha bi carekê tê pirsîn mirov hinekî dikeve gumanê.

Zadik: Di 2046an de Fetanet jî hinekî şaşopaşo bûye pêşî.

Xiltik: Dû re bê ku zêde bifikire,

Fetanet: Edalet.

Zadik: Dibêje. Li ser vê bersivê, karmendê gumrikê tê bê qey cerê ava lîmonê bi ser qirika xwe de dakiribe madê xwe tirş û tehl dike.

Xiltik: Ev bersiv dibe sedama gumana pêk anîna sûncekî, lewra jî karmendê gumrikê careke din li hundirê baholê Fetanetê dinêre.

Xiltik: Şeş sal derbas dibin di ser re, dibe 2052, kes nizane çima lê Fetanet ev pirs tu carî ji bîr nekiriye.

Zadik: Vêga wê careke din li ser vê pirsê bifikire û bersiva xwe bide.

Xiltik: Ka lê lê! Li vir binêre, tê bê qey Fetanet wê tiştekî pêşkêş bike. Sehneyek diyar e li vir.

Zadik: Wîîî! Çawa dilê wê teng bûye rebena Fetanetê. Tê bê qey hew ma ye dilê wê bibe şîr û bifûre li ser êgir.

Berik: Çav e çav. Çav hene li ser vê keçikê. Her derê wê qulqulkî bûne ji nezela çavan.

Xiltik: Zor lê kirine ji bo vê pêşkêşê. Him jî pir. Diyar e wî!

Berik: Piştî qebûlkirina pêşkêşê, tiştek heye Fetanet li wê dawiyê dinivîse, çi ye ew?

Zadik: Ewka pêşkêşê... Nivîs. Dosya?

Xiltik: Erê ha ji wê. Çend caran ewk kirine? Yanî wiha ez bêm bîst tu bê çil,-

Zadik: Ez jî bêjim sîh û pênc, tu bê çil û pênc -

Berik: Haho! Herî kêm pêncî caran pê dane sererastkirin. Kerîzyon dane wê.

Zadik: Kertîzyon, ne kerîzyon.

Xiltik: Revîzyon?

Zadik: Erê ha ji wê.

Xiltik: Yanî gotin birine û anîne wê yekê -

Zadik: Tu çi kuçik î!

Xiltik: Ku rabî teoriyan binivîsî, ka li vî halê xwe û ciyê tu jê hatî binêre.

Berik: Ma ji te we ye tu dikarî daneyên hejmarkî bidî hev?

Zadik: Em tenê dikarin bihêlin tu bi çîrokên xwe yên piçûk û dilşewat kêfa me bînî, te fêm kir?

Berik: Negotine helbet.

Xiltik: Dawiya dawî New Stockholm e ev der.

Berik: Ev di reklaman de kubar lê di eslê xwe de mirovên beraz tasresyon in.

Zadik: Parêz gastosteron e ew!

Xiltik: Naloherê! Ewk bû lê, kertî testosteron!

Berik: Ihi! Pasîf agresyon!

Xiltik: Hah, erê! Lewra jî gotinên çors nakin.

Berik: Kerîzyonan didin.

Zadik: Ne sansûr. Kerîzyon.

Berik: Lê sehne wiha ye, çawa piye te pê, çavên te bi temaşevanan ket, ne derhêner ne dahênerê wê-

Zadik: Ne kerîzyon ne jî kertî testosteron-

Xiltik: Kalkê wan jî ji tirbê rabe nikare Fetanetê bigre êdî.

Berik: Wê bê kerîzyon xeber bide vêga Fetanet.

Zadik: Wîî ew çi ye wiha! Pistepistek bi holê ket.

Xiltik: Hin kesên payebilind dibêjin;

Berik: "heq kir li vê dîwanê xeber bide, pir heq kir keça me."

Xiltik: "Baş e ku me ev şens da wê."

Zadik: "Helbet, helbet birêz rektor. Baş e ku keçikeke zîrek e û pêwistî bi wê yekê nema ku em bînin bîra wê hemû sîcîlên wê yên etîk û zanistî girêdayî vê ne."

Berik: Pişşşt! Biseknînin van! Fetanet derkete sehneyê!

Fetanet: Hûn hemû beşdarên Konferansa Navdewletî a Zanista Tibba Beşerî û nûnerên Dewletên Yekbûyî yên rêzdar ku li ser Bio-Polîtîkayên Tevgerên Demografîk raporên çavdêriyê amade dikin, hûn ji min dixwazin ku lêkolîna xwe ya şeş sal û nîvan di nava pênc deqqayan de vebêjim û bi raya min ev ne maqûl e. Heke em ferz bikin ku min deh hezar saetan li ser vê xebatê kar kiriye -ku bêhtir jî bû- gelo bi we adil e ku neçar bimînim şeş sed hezar deqqeyan di nava pênc deqqeyan de bînim ba hev?

Zadik: Pistepist û fistefista holê berdewam dike.

Xiltik: "Helbet birêz serokê lijnê, hûn pir mafdar in. Gelekî baş çêbû me ew hişyar kir ku dîplomeya wê girêdayî vê ye."

Fetanet: Bawerim hûn bendewariya çend hevokên bi biryar dikin, lê ji ber ku xebata min ji vê yekê berfirehtir e, mixabin çênebû ku van hevokan li gor dilê we bidim hev. Ji dêvla wê min dil heye çend gotinan li ser pêvajoya lêkolîna xwe bikim û dû re jî çend pirsan arasteyî we bikim hê ku ez li ser sehneyê me.

Zadik: Ka bisekine lê, ev der pir bikelecan e, kêliyekê dev ji neqilkirina pistepistan berde, binêre wê vêga ji wan re bêje bê çawa bi ser Nesrîn û 507 ve bûye.

Fetanet: Min xizmeke xwe ya windayî dît mesela di arşîvên we de. Her ji ber vê yekê ye ku min him dîroka reş a malbata xwe û him jî kiryarên we yên li ser jineke nûciwan û zaroka wê bi hûrbînî vekola. Ev yek bû sedem ku cih bidim nîqaşa li ser nakokiya di navbera edalet û hiqûqê de.

Xiltik: Binêre wê vêga jî bêje bê çawa bi ser Xezal ve bûye.

Fetanet: Dû re herçend bi rêbazên cihê cihê hewl hatibe dayîn bên windakirin jî, lê bi tu hawî winda nebûne, ez yeko yeko bi ser kar û emelên hevwelatiyên xwe yên jin ve bûm ku bi dest û rihê xwe hingûvîbûn wan. Dansên wan, rismên wan, nivîsên wan û hemû hêlên wan ku bûbûn bela serê we. Lê herî zêde jî dansên wan, lewra dans çirûska şoreşê ye. Tam jî wê demê min bingeha felsefeya berxwedanê danî di xebata xwe de.

Zadik: Heke em vegerin holê, ew pistepistên ku bi xofekê sekinîbûn dîsa dest pê kirine.

Xiltik: Dema dighîje deqqeya dawîn ya axaftina xwe bi awayekî diyar bêaramiyek xwiya ye li holê.

Zadik: Hin çav û birh dilivin ber bi xebatkarên kevîkan ve.

Fetanet: Vêga bi destûra we em derbasî pirsan bibin. Dîroka malbata we ji arşîvên dewletê derdikeve gelo?

Xiltik: Tam wê gavê pêşî xişxişek dû re çîzeçîz tên ji mîkrofonê, piştî wê jî dengê anonsekê bilind dibe.

Zadik: "Ji ber bûyereke sedema wê nediyar ya di

bêkarakteriya frekansan de, di hemû mîkrofonên me de pirgirêkek rû dide. Ji bo vê kêşeya ku rihetiya guhê we xera dike em ji hemû beşdaran lêborîna xwe dixwazin."

Xiltik: Li ser vê anonsê Fetanet dev ji mîkrofonê berdide, nêzî ber devê sehneyê dibe. Bê ku navberekê bixe nav xwe û guhdarên xwe yên ku zîq lê mane sekinî, sînga xwe dinepixîne û bê ku biqîre bi dengekî gur axaftina xwe berdewam dike. Her diçe li ser sehnê mezintir dibe, bi mezinbûna wê re ew xofa New Stockholmiyan jî mezin dibe ku wê ji mikurhatina wê pir aciz bibin.

Fetanet: Bi raya we, ger dîroka malbata we ji arşîvan dernakeve, sedema wê çi ye? Gelo ji ber dîroka malbata we hatiye avêtin û tunekirin an jî ji ber ku malbata we zêde entegreyî dewletê bûye ji hundir ve zanyariyên ku naxwazin bên zanîn nermijandine û guherandine.

Zadik: Ew çav û birhên gava din, vêga dibin mîna kurte-kuxikên alfabeta morsê li holê.

Xiltik: Sîh çirke dimînin ji axaftinê re. Bi taybetî ji bo kesên wek Fetanet ku axaftina wan gefeke, ew saeta dijîtal a wek kêlanekê ku çirkeyan berovajî dijmêre soro-soro wek dilekî lê dide û diqîre ku wextê wê li ber nemanê ye.

Fetanet: Gelo bi raya we ehlaqî ye ku mirov lêkolînan bike li ser wan însanên ku haya wan jê tuneye zanyariyên wan tên arşîvkirin?

Zadik: Pepû ew çi ye? Anonseke din.

Berik: "Tîma me ya teknîkê ku guh dide hessasiyeta hestên guhdaran, asta fişara deng ji nû ve saz dike, di vê navê de ger axaftvana me dil hebe, xwedî wî mafî ye ku navbereke kurt bide."

Zadik: Li ser vê yekê Fetanet dengê xwe ribeke din tîne xwar, bê mîkrofon, bê sîstema deng, bi dengekî ne wek yê jinan, heta bi dengekî ne wek yê însanan, bi dengekî bas barîton berdewam dike û qet ne xema wê ye.

Xiltik: Gelek guhdar tê bê qey hîpnotîze bûne êdî, him naxwazin bibhîzin him jî nikarin bilivin.

Fetanet: Heke mahremiyeta we bê destûra we ketibe arşîva dewletê û piştî mirina we di çarçoveya projeyekê de hûn hatibin vekolan ji hêla lêkolînerekê, gelo bi raya we wê neviyên we çi hest bikin?

Xiltik: Tam wê gavê alarmeke êgir lê dide ku "hessasiyeta" guhan serobino dike.

Fetanet: Gelo bi awayê polîtîk ev hestên neviyên we girîng in? Gelo bi raya we mumkine ku ev arşîv bê şewitandin?

Zadik: Pênc çirkeyên dawîn dimînin li ser saeta dijîtal.

Fetanet: Çima ew deriyên sînoran, yên akademiyê, ew deriyên holên pêşengeh û şanogehan, yên weşanxane û her derên ku derfeta derbirînê dide vekirî ne ji we re lê çima girtî ne ji bo wan kesên ku tenê wek hejmarekê ne di arşîva we de?

Zadik: Tam wê gavê ava ku ji avpijên êgir dipijiqe tevlî hevokên Fetanetê dibe û hemû guhdaran şil dike.

Fetanet: Jidestwergirtina mafê xweîfadekirina kesekî gelo nayê wateya mêtingeriyê?

Xiltik: Saeta dijîtal a li ser sehneyê, ji ber ava ku diçe hundirê wê bi bêdengî vedimre wek bersivekê li ser vê pirsê.

Berik: Bi vî rengî pênc çirkeyên wê yên dawîn li ser wê saeta mirî daleqandî dimînin.

Xiltik: Li New Stockholmê dem disekine.

Fetanet: Dr. Frankensteinên hêja, ji ber dana mafê xeberdana çend deqqeyî bo vê cinawira ku we bi destê xwe afirand, ev cinawir tu carî spasiya we nake.

Zadik: Bi vî hawî Fetanet pîneya li ser çavê xwe radike, mîna xaleyekê ronahiyeke fîrûze digere li ser çîpikên ava ku ji her derî dilopan dike.

Fetanet: Ji kerema xwe li çepikan nedin.

Xiltik: Dibêje herî dawiyê Fetanet, dema wî çavê xwe yê seqet li ser mêvanan digerîne ku hemû weke mişkên şil û hebitî mane li ciyê xwe.

Berik: Diyar e ew jî baş dizane ku herkesî nezelî kiriye, kenekî tenik li ser lêvên wê lotikan dike.

EPÎLOG

(Kêliyek. Her sê cin radiwestin)

Xiltik: *(bi pistînî)* Em rizgar bûn?

Berik: *(bi pistînî)* Nizanim.

Zadik: *(bi pistînî)* Em ê çawa fêm bikin?

Berik: *(bi pistînî)* Me vegot, wan jî guhdar kir. Divê bibîr bînin ku guhdar kirin, dû re jî divê biçin ji kesên din re vebêjin. Tenê hingê vedibin hemû girêk, em ê jî çîrokên nû vebêjin wê demê.

Xiltik: *(bi pistînî)* Erê lê em ê çawa jê piştrast bin ku girêk vebûne?

Berik: *(bi pistînî)* Em pirsan bikin.

Zadik: *(bi pistînî)* Ma ezmûn e ev lê?

Xiltik: *(bi pistînî)* Na.

Berik: *(bi pistînî)* Çîrok e ev.

Xiltik: *(bi pistînî)* Nexwe em tişta di bîra xwe de kurtebir bikin.

Zadik: *(bi pistînî)* Ha binêre ew dibe. De nexwe me çawa dest pê kir wiha jî bi dawî bikin. *(ber li guhdaran)*

Zadik: Ez Zadik/ ...

Berik: Ez Berik/ ...

Xiltik: Ez jî Xiltik.

Zadik: Li me bûn bela.

Xiltik: Nesrîn, 507

Berik: Xezal û Fetanet.

Zadik: Koç kirin ber bi bajarekî din, ber bi welatekî din ve.

Xiltik: New Stockholm.

Zadik: Demsalên cihê dîtin.

Berik: Havînên kelegermî,

Xiltik: Biharên hêwi,

Zadik: Zivistanên bêdawî. Siya kirasên wan tenê di bayê payîzê de hingûvîn hev. Û di her carê de heman bêhn berbelav bû li hewayê.

Xiltik: Asmîn.

Zadik: Di hemû jiyana xwe ya li New Stockholmê de

Xiltik: hatin kêmdîtin,

Berik: piçûkdîtin,

Zadik: tawanbarkirin û bi kubarî gef li wan xwarin.

Berik: Bi derkirina ji *ciyên wan.*

Xiltik: Jiyana li ser wî *ciyî* jî weke meşa li ser sêla sor bû. Serê pêşîn heta ji pirê derbas bûn xwe tewandin lê dawiya pirê tunebû. Êdî aciz bûn ji meşê; carnan weke canbazan li ser şîrîtê meşiyan, carnan weke meymûnan xwe bi benikên wê ve berdan, carnan jî weke lavlavkê xwe li dora wê pêçan lê her meşiyan.

Zadik: Hez kirin, afirandin, giriyan, hêrs bûn, nexêr kirin, keniyan, jiyan yanî. Dû re xwe şanî me dan.

Berik: Em ê jî vêga şanî we bidin wan. Cara dawî.

Xiltik: Nesrîn. Jin, parêzer, parêzvana mafî, dayik, hemdem, hemderd. Ji çêkirina boyaxa xwezayî, ji çareserkirina pirsgirêkan û ji peyva "nexêr" hez dikir. Wextê rezan bû, tirî hatibûn danehev, dims dikeliyan dema hatibû dinyayê. Dema mir jî wextê çêkirina hêlînên çûkan bû. Li gor arşîvên New Stockholmê jidayikbûn 1940, mirin 1973.

Berik: Suzan an jî 507. Jin, hunermend, bestekar, peykertiraş, hemdem, hemderd. Ji kişandina çixareyê, ji hilweşandina dîwarên desthilatdariyê û ji kenê xinzîrî hez dikir. Di perenga duyem a salê de çêbû. Wextê çêlîkên kangurûyan ji dawa diya xwe derketin mir. Li gor arşîvên New Stockholmê jidayikbûn 1960, mirin 2023.

Zadik: Xezal. Jin, dansêr, pale, nêrevana zarok û extiyaran, firaxşo, qehweçêker, hemdem, hemderd. Ji govenda mil bi milî, ji hingûvîna axê, dema direqisî ji hestkirina bayê nav pora xwe hez dikir. Dema jidayik bû zivistaneke hişkesayî bû, dema mir jî wextê hatina pepûkan bû. Li gor arşîvên New Stockholmê jidayikbûn 1985, mirin 2046.

Berik: Fetanet. Sayborg, lêkolîner, akademîsyen, şopger, rênas, berhevkera çîrokan, hemdem, hemderd. Ji belkirina guhê xwe û guhdarîkirinê, ji axaftina bêtirs, ji ronîkirina razan hez dikir. Xidirellez bû dema jidayik bû, dema mir jî wextê zayîna hespên avî bû. Li gor arşîvên New Stockholmê jidayikbûn 2023, mirin 2100.

Zadik: Me digo girêk. Me digo me go, vebû gelo, me digo. Gelo hûn dikarin vegerin meseleyê êdî?

Xiltik: Bibore, erê me vegot. Me vegot, vegot lê bi vegotinê re me girêkên nû jî avêtin.

Berik: Me avêt lê xwiya ye pêwistî bi hin destên din jî hene ji bo bên vekirin ev girêk.

Zadik: *(ber li guhdaran)* Behsa we dike. Serê benik di destê we de ye.

Berik: De rabin herin, hûn jî ji yên din re vebêjin.

Xiltik: Em jî ji bo çîrokên nû vekin falên xwe. Bi hêz û qeweta xiltikê!

Zadik: Bi hêz û qeweta nebatê!

Berik: Bi hêz û qeweta nezelê!

Sê cin di nav wê ronahiya fayrûzî de ku ji çavê Fetanetê belav dibe winda dibin.

-DAWÎ-

BIYOGRAFIYÊN NIVÎSKAR

Fatma Onat

Fatma di sala 1980î de li navçeya Şîrvanê a Sêrtê ji dayîk bû. Li Zanîngeha Stembolê, Fakulteya Wêjeyê, Beşa Rexne û Dramaturjiyê ya Şanoyê qedand. Li Zelanda Nû li Auckland University of Technology, li fakulteya Maorî û gelên din yên xwecihî Te Ara Poutama'yê mastera xwe ya şano û performansê qedand. Ew yekem xwendekar e ku li vê fakulteyê li ser şanoya kurdî dixebite. Di qada şanoyê de piranî wek dramaturg, şanoger û rexnegir kar dike. Di navbera 2004 û 2010 de, wek edîtor û nivîskar di çendîn ajansan de xebitî ku kovarên sektorê çêdikin. Ji bo çendîn festîvalên şanoyê û pêşangehên wênegiriyê wek nivîskara tekstan xebitî. Di navbera salên 2013-2017an de li Malpera Çand û Hunerê ya Halkbankê wek rexnegir kar kir. Evrensel Pazar, Milliyet Sanat, Radikal İki çend ji wan rojnameyan in ku heta niha ji wan re nivîsandiye. Di sala 2017an de bi şanonameya xwe ya bi navê *Isli Yaprak Sarması* di "Pêşbirka Nivîsandina Berhemên Sehneyê" de ku bi hevkariya Mitos Boyut û Şaredariya Nîlûferê hat lidarxistin, bû duyemîn. Heman lîstik di sala 2019an de li Almanyayê di festîvala Heidelber-ger Stückemarkt de bû yek ji sê lîstikên ku li ser navê Tirkiyeyê ketin pêşbirkê. Endama Yekîtiya Rexnegirên Şanoyê ya Navneteweyî ye.

*

Deniz Başar

Sala 2014an, di pêşbirka weşanxaneya Mitos-Boyut de bi şanonameya xwe ya bi navê *Kaşıntı* xelata taybet a jûriyê, di sala 2016an de jî bi lîstika xwe ya *"Yekpare, Geniş Bir Anın Parçalanabilir Akışında"* xelata Pêşbirka Derbend bi dest xist ku pêkvexebata şanogerên ciwan ên Îran û Tirkiyeyê bû. *"Yekpare, Geniş Bir Anın Parçalanabilir Akışında"*, bi wergera xwe ya îngilîzî, di sala 2019an de li Montréalê di festîvala şanoya femînîst Revolution They Wrote de weke lîstika xwendinî hat pêşkêşkirin. Li Kanadayê ji bo gelek lîstikan wek çêkera kuklayan û dramaturg kar kir. Lîstika wê ya *Şarap ve*

Helva wê di sala 2024an de ji aliyê Toronto Labaratory Theatre li Toronto û Montréalê bi derhênertiya Art Babayants were lîstin.

Di destpêka sala 2021ê de, li bajarê Montréal a Kanadayê li Zanîngeha Concordia ji beşa Doktoraya Zanista Civakî, bi teza xwe ya doktorayê ya bi navê *Mîrateke Piştguhkirî: Li Tirkiyê Nirxandina Hunerên Performansî Yên Hemdem Bi Rêya Karagöz* qedand. Xebatên xwe yên li ser şanoya Tirkiyeyê di gelek konferansên navneteweyî de pêşkêş kirin û berhemên xwe di antolojî û kovarên navbêjîkirî de weşandin. Bi saya bursa post-doktorayê ya FRQSC ku wergirtiye, li Zanîngeha Boğaziçi wek lêkolîner xebatên xwe didomîne û li Konservatuara Zanîngeha Bahçeşehirê bi awayekî demkî der-sên dramaturjiyê dide xwendekarên lîstikvaniyê.

Ayşe Bayramoğlu

Ayşe li Stembola Tirkiyeyê ji dayîk bû û li wê derê mezin bû, halê hazir li Awustralyayê dijî. Ji sala 2009an û vir ve ye ku bi awayekî profesyonel bi giranî wek şanonûs dû re wek alîkara derhêner û lîstikvan di qada şanoyê de karên xwe berdewam dike. Li gel koma şanoyê Tiyatrotem'ê ku bi awayekî bê hiyerarşî balê dide ser kevneşopiya çîrokbêjiya Tirkî û lîstikên sîtavî, di merheleyên nivîs û pêşnivîsînê de hevkarî kir. Lîstikên wê bo Îngîlizî, Katalanî, Fransî, Îtalî û Yewnanî hatin wergerandin û li van welatan hatin lîstin. *Windows (Şibake)* di Tebaxa 2022an de bi Fransî hate çap-kirin.

Herî dawî di 2022an de li gel İbrahim Hallacoğlu li Melbourne derhênertiya lîstika İbrahim Hallacoğlu a bi navê *Where My Accent Comes From (Aksenta Min Ji Kû Tê)* kir.

Ayşe xwedî pileya masterê ye li ser Nivîsandina Film û Dramayan û her wiha derçûya beşê Tûndûtûjiya Navxweyî û Malbatî ye. Ji bilî karê nivîskariyê, ew her wiha wek Karkera Piştevaniyê dixebite ji bo mexdûr/vemayiyên şîdeta navxweyî û malbatî.

AUTUMN
IN NEW STOCKHOLM

Playwrights:
Fatma Onat, Ayşe Bayramoğlu, Deniz Başar

Dramaturg: **Şehsuvar Aktaş**
Director: **Onur Karaoğlu**
Project Manager: **Halime Aktürk**
Kurdish Translation: **Alan Ciwan**
English Translation: **Deniz Başar**
Publication Editor: **Deniz Başar**

'Canadian Council for the Arts'
funded this project.

Project Application Title: Autumn in New Stockholm
Project Application Number: 1002-21-1942

Where Does the Thread That Passes Through the Needle Stretch?

On the play *Autumn in New Stockholm*

Eylem EJDER[*]

Prologue: "I come from their country"[1]

I come from their country.

I come from that once upon a time country, where people understood time by the planting of crops, by the sway of wheat, by the intensity of a river's flow, by the sheep giving birth to lambs. From the country of people who dry jasmine flowers between the pages of their books. Political crises, social turmoil, resistance movements, military coups, investigations, socio-political pressures; a place where life always turns with the movement of a whirlpool. Where indifference is a mode of governance. From the place where people regularly crumble but immediately hold each other with solidarity in every disaster, where people hug each other from the places where they are wounded, from the place where people repeat "everything will be fine"[2] and "I promise you, spring will come again"[3].

I come from their country.

From the place where people's right to speak for themselves is taken away. From the country where people hope to get everything that is denied from them, even if all their rights will be found somewhere faaaar away. I come from the people who try to escape the suffocating skies of *now* by putting together everything they have in search for a better future. From the country where people look for equality, justice and happiness somewhere else; as their lives wither away and they get bitter on the way. I am amongst the voices calling out: "We won't forgive, we will settle the accounts"[4].

I come from their country. From the three pathways, the

three times[5] and the wishes made by Coffee Grounds, Fava Bean, Lead. From the possibility of refreshment and beauty that would come out of telling, listening, and connecting.

I come from their country. From Nesrin's, Hazal's, Suzan's and Fetanet's. From an exuberancy where wishes are left to dry inside fortunes. Amongst people who untie the knot of time and place with enthusiasm and stubbornness, one slip-knot at a time, and make an appearance from within another time and place.

I come from their country. From Deniz's, Ayşe's and Fatma's. From the stage of people who resist, through theatre, to all of the seasons permanently becoming autumn in New Stockholm. From the words of young women who want to sew up the entirety of humanity's heart with the end of the thread that they pass us as they tell the stories dried within them.

I.
Do we have a time and place allocated to us in this world? A place made for us, created with care to be peaceful and happy. How can we create or protect such a place?

This play, *Autumn in New Stockholm*, tells the story of three (and if we count the baby secretly growing inside Nesrin, four) women who leave — during different time periods — the country where they were born and raised, in search of a better future. The text, woven with the potentialities of narrative theatre, has been created by three different writers collaboratively, which is quite uncommon in Turkey. *Autumn in New Stockholm* is written by playwrights Deniz Başar, Fatma Onat and Ayşe Bayramoğlu. It is inspired by their migratory experiences (each having left Turkey for various reasons) and observations while living in Canada, New Zealand and Australia since 2014. The play centers the stubborn efforts of women from three different generations who try to exist despite the loneliness and discrimination they face in the faaaar away country of New

Stockholm, a country they go to with the hopes of a more humane, just and equal life, a better future and education. It is possible to call this effort "a rehearsal of revenge" or "a narration of settling the accounts".

I encountered the first draft of the play on 17th of May, 2022 during the staged reading of the text on the Kumbaracı50 stage in İstanbul. The experiences of four immigrant women, Nesrin — and her daughter Suzan/507 — Hazal and Fetanet, who go through similar misadventures during four different times, is told through three fortune jinnis: Coffee Grounds, Fava Bean and Lead. The name of the country these women are coming from is unmentioned in the text, but the women's names are the same as the ones in my country. Just as Hazal says to Suzan/507 in the play, "they feel like one of us"; I felt how similar the unnamed country was to mine. Both the characters and I have experienced suffocating societal pressures, military coups, political pressures and layers of violence. To name just a few: the anti-democratic atmosphere that intensified after the Gezi revolt and resistance movement that started in İstanbul in 2013, which later spread to other cities; the bombing terror attack against a peace protest in 2015; the transfer to the presidential system that extended the power of President Erdoğan in 2018, intensifying societal and political polarization; limitations on the rights of expression; the firing of academics and journalists from their institutions in retribution for signing a peace petition; investigations and trials; imprisonments; ecocides that become more violent by the day; forest fires; earthquakes... These neverending disasters triggered a "new wave" — especially amongst educated young people — of emigration, the reasons for which are rooted far back in time. This is the view from my window, looking at the landscape in this country, which many friends of mine have left for different reasons. But what about the place they go to? How are they once they get there? *Autumn in New Stockholm* is interested in the stories of people who leave, and tells it from the embodied experience.

The three narrators of the play, the jinnis Coffee Grounds, Fava Bean and Lead, tell these stories as the voices of the spirits who are forced into disappearance, making them timeless and placeless. They tell the stories of four young women who they claim are possessing them: Nesrin, Suzan/507, Hazal and Fetanet. The narrator-jinnis are both enthusiastic and obliged to tell. Because it has happened / it is happening / it will happen; or, as they emphatically put it, *to transfer* is a way to get rid of the stories that have dried within them.

What is the thing that we overcome through telling and listening? Is there a rage that cannot be calmed, a guilt that cannot be assuaged, a deal that cannot be closed?

II.

What is the thing that we overcome when we tell, when we scream what is troubling us in front of a listening crowd? Is it the possibility of regaining our own presence in a place that robs us of our own time and our own ground? Telling: is it a way to create presence from absence, to create an exuberancy from a hardened passivity?

Fortune-telling is a form of storytelling. Fortunes are the chronotopes of the past, present and future; which means they are the spaces of loss, longing, enthusiasm, and hope. Just as it is told in the play, fortunes are where one sees the traces of coming good news, awaiting dangers, new pathways to be taken, and anticipated adventures, *all in three times*. It is where all evil gazes are resolved with the magic of telling and listening. The reason for which the stories are told should pour like the coffee grounds at the end of the cup, or spill like the fava beans, or explode suddenly like the lead and cleanse all the evil eyes. In fortunes where the evil eye is said to appear, it generally represents a person. Somebody who is somewhere "over there", outside the home circle, whose evil gaze is touching us. But what if this gaze is not from one or a few people, but rather it is the gaze of the society that we live in, or the gaze of the country we escaped to?

If the evil eye is the organized structuring of a society, what fortune can cleanse such evil, such malignancy? Can the art of theatre, which contains gaze within its own ontology, change this evil gaze through narration? Following the question that opens the first section of the play, is it possible to "be freed from" this evil gaze through telling what appears in fortunes? Is it possible to break through the atmosphere of an eternal *autumn in New Stockholm* (encapsulating both the women and the jinnis) through telling? Can telling create a wholeness out of this deficient absence for these women, whose birthright to express themselves is taken from their hands, after their longings, hopes, desires, and all the new pathways that they could have taken were mercilessly dried out in fortunes? Can telling create an exuberance out of this hardened passivity?

Coffee Grounds, who fortune-tells through coffee, is possessed by the spirit of Nesrin and tells her story. Nesrin, a young lawyer, immigrated to New Stockholm in 1960 due to her extra-marital affair leading to the pregnancy of her daughter Suzan (or 507, if we use her adopted name). Fava Bean, who fortune-tells through fava beans, tells the story of the dancer, Hazal, who immigrated to New Stockholm in 2016. Finally, Lead, who cleanses evil eyes with melted lead, tells the story of the cyborg, Fetanet, who will be born in the year that Suzan dies (2023) and will come to New Stockholm for her doctoral research in the year that Hazal dies (2046). Fetanet tries to solve the entangled knots of the experiences and stories of these three women who survived New Stockholm. She is, at the end, a navigator by trade. Unlike the others, she comes to New Stockholm for an archival research project with no aim of settling in New Stockholm. She is going to settle the unfinished and accumulated accounts of countless generations who have gone to New Stockholm.

These three women's stories (Nesrin, Hazal, Fetanet) have common points. All three of them are the children of military coups, shaped by grand political crises. Upon a closer look at the dates underlined in the play, one can see that all of them mark the years of military coups and the unbelievable events that follow in the aftermath of these coups. Nesrin escapes from societal pressures and oppressive moral norms between the 1960 military coup and the coming 1961 constitution, which will grant relative freedoms. She comes to New Stockholm hiding her baby (Suzan/507) in her belly, which she carries like the weight of the coffee grounds (/Coffee Grounds) who tell(s) her story. Hazal, a Kurdish woman who is born a few years after the 1980 military coup, is forced, during childhood, into her first internal displacement with her family to the western regions, due to the continuing civil war in the eastern regions of the country in which she was born. Hazal's life becomes unbearable in the aftermath of 2013's Gezi Resistance due to unreasonable accusations, investigations, and threats. The criminalization of free dance classes that she gives in urban parks ("dance is the rehearsal of revolution" says the play), accusations of separatism based on the YouTube videos she makes about botany, being framed as the arsonist in a fire that happened in the cafeteria of a university, all topped up with the infamous 2016 failed military coup attempt, corner Hazal's life from all fronts. To be able to have a better life, she leaves the *here and now* for a faaaar away place, for New Stockholm, that seems like a continent of utopia that shines like a star of hope from afar. On the other hand, Fetanet is born on the centenary of the Republic of Turkey, at the beginning of a century where everyone expects salvation and freedom; but she is greeted with yet another military coup, marking a beginning blocked with yet another disaster. For now, Fetanet, who lives for 77 years, is the last of the generations of women who are artists, scholars, appreciators of earth, who immigrated to New Stockholm.

These generations of women will enter *autumn in New Stockholm* in every season with the jasmine flowers that they have dried between the pages of their books. From Nesrin to Fetanet, from woman to cyborg, they pass through the door of customs. (Fetanet, the cyborg, will not even have a dried jasmine flower with her as a token of home like the others.) The play puts out its avant-garde warning following Nesrin's thread, whose experiences echo the melodrama of the old Turkish movies, to Suzan/507 who has burned down the orphanage that she was placed into after the suicide of her mother. In this sense, 507 questions the relationship between *art as a sign of "crime"* and *crime itself*, which is the first knot that ties all the characters. As we follow the story, starting from the encounter between Hazal and 507, to Fetanet's hacking of New Stockholm's state archives and revelation of her own family history, which represents itself as a calculated act of revenge (or, perhaps, an attempt *to settle the accounts*), the fairly realistic drama of the inner story transforms into science fiction. The play tells its story through the voice and gaze of people who felt the need to leave their home countries due to living under pressure and fear, with the hopes of a better future, but instead faced discrimination, intolerance, belittling and subordination.

III.

Sure, none of them were seeds that fell from here into the earth, but can it be that this will be the place where they will blossom?

Three women at the customs gate of New Stockholm. Three different times. It is 1960 for Nesrin, 2016 for Hazal, and 2046 for Fetanet. The door is the same door, the officer is the same officer. Just like the Sphinx who sits on her throne at the gates of Thebes, the officer looks for the answers to his riddles, with his unchanging accusatory tone (that starts from "do you know our language" and continues towards "have you ever committed a crime"), with his unchanging, belittling gaze ("how can you speak our language so well"), with his unchanging saturninity and coldness. Unlike its name, there is no novelty in this place; things are unchanging in New Stockholm. Here, time is always the time of depression; here, the season is always autumn.

New Stockholm is a no-place. It is a country of utopia, a good place that is not yet here. It is the promise of a land where democracy, equality, and justice can all be practiced in collective satisfaction with respect to all differences. For Nesrin, Hazal and Fetanet, it is like the farthest star that they can see in the sky, it is the most distant place on the face of the earth from *our* country. This distance is not just about geography. Culturally, ethically, religiously, socially, and politically, all that is hoped for is embodied in the promises of New Stockholm, which stands quite far from the country that these women come from. Distance is also a contradiction. And an illusion. And a place of fatigue and lividness that remains from all that is hoped. Feeling guilty and in debt, regularly excusing your presence, constantly making compromises to be able to get along, are all obligatory daily practices for all immigrants in New Stockholm. To live through *autumn in New Stockholm* means the endless feelings of depression and deterioration; it is a chronic condition with no cure. When one looks into the experiences of Nesrin, Fetanet, Suzan and Hazal, New Stockholm is a country that has hidden itself inside the wind. If the play has a promise through its name, through the place-time that this name carries, this promise is not forming a solid ground in which this journey can end.

Unlike New Stockholm which looks good from afar, like a utopia, but is actually dystopian from within; the play itself, *Autumn in New Stockholm*, has its own rhythm. It oscillates between joy and rage, playing and living, desire and obligation, flowing and drying into absolute rigidity, telling and salvation. These dualities neither handicap nor suspend each other. Perhaps, it is useless to look for balance in this dynamic. Throughout the play these oscillations roil, sometimes appearing, but always integrated within each other. These are threads that create the knots; rather than sustaining an equilibrium.

IV.

Where does a play get its power to resist the cruelties of time? From time itself again? How do they resist autumn in New Stockholm? What is the thing that drives us under these conditions? What are the ways to continue with and through theatre? Rage is an effective tool of continuing, making life bearable, even making it livable. When the day comes we will recognize each other through this creative rage.

Each fortune has a promise; it has its intentions, wishes made. New Stockholm has no heart-opening promises to offer anyone. What about the play itself? Unlike New Stockholm, does the play have a promise to its audience/spectator? If the play has a potential new flow that it can create for itself through narration, this potential can be encapsulated in a word that is often repeated in the play and used interchangeably with the act of telling, which is *to transfer* (in Turkish: *nakletmek*). For the verb *to transfer* connects to the last part of the play that ties everything with a surgeon's knot since the "end of this thread" is passed onto the audience. *To transfer* is also a surgical concept. To open an organ, to cut through bodies and replace them with new parts. Transferring a heart, an eye, a tissue...

As *transferring* is one of the structural-generative concepts of the play's dramaturgy, it would be useful to focus on the story of Fetanet and her presentation. Fetanet lives in our future. She is the child of a new military coup that is foreseen to happen soon. In its aftermath, due to the realization of new biopolitics (which consist of implanting identity chips into the eyes of newborns), she loses an eye. Her eyelid is sewn closed, and she defines herself as a cyborg as she grows up. She comes to New Stockholm for the Bio-

Politics of Immigration Management Doctoral Programme, but her actual intention in this country, which allows for limited access to its state archives, is to reveal the stories of people who are reduced to numbers due to misguided immigration policies that colonized, consumed, and stole their voices. Fetanet reaches the core of what troubles her when she finds a file that matches her own genetic profile in the database, something that can only happen through the twist of destiny or the push of the fortune-telling Jinnis. In this part of the play, which moves towards science-fiction, Fetanet witnesses some of the important moments of Nesrin's daughter Suzan's (whose other name is 507) past life in New Stockholm, due to their genetic matching. Moreover she even surreally takes part in Suzan/507's memories, her image later haunting Suzan's art as a subconscious monster. Fetanet not only reveals the politics of assimilation and discrimination that New Stockholm implements under the name of managing immigration, but she also discovers her own entangled relationships with these women and finds the stories of her missing relatives. She will discover her kinship with Suzan and Nesrin (because the man that Nesrin had her extramarital affair with is actually Fetanet's great grandfather, Cemil), but will not figure out the role of Hazal in her own birth — Hazal helped two people escape a tear gas attack during the riots in the country that she leaves, which unintentionally introduced Fetanet's parents to each other — since this is not recorded in the archives. But because the Fortune-telling Jinnis share the "embodied knowledge of the flesh," the audience can resolve the entangled relationships between all of the women and be a step ahead of Fetanet. During the last scene of the play, in her presentation, Fetanet tells the dark history of her own family, along with what the politics of New Stockholm has done to "a young woman and her child, and kindred women from her lands as she unravels one slipknot at a time". Moreover, she uncovers all of these women's artistic practices — Nesrin's, 507's, Hazal's — that accompany their struggles to exist in New Stockholm, the ways in which they insist on staying true to themselves through "embodied practices that make trouble" for the authorities. This is how the play makes the narration of fortunes the point of intersection between generations for their encounters, meetings, and even acts of solidarity. This space of intersection is the transfer location where narratives, stories, and experiences cross over each other.

Transferring is the guarantor of telling; it is the objective of the play; it is the destination. To transfer is to bleed what has dried out in the fortunes, to open the stitchings of the eyelids, and to overflow the stage with the light that has been imprisoned there. To transfer is an act of overflowing as much as it is an act of transporting in the play. In a way, this is what we see at the last scene of the play. Fetanet's presentation to New Stockholmers, whom she addresses as "my dear Dr. Frankensteins", is like an ultimate act of overflowing at light speed from within an unyielding obstacle. Fetanet desires to untie the crime-ridden knots of a mentality that has stitched her eyelids, and then to give potential to a fresh sewing, to healing.

Fortunes that are not touched by water solidify; if not washed away, they dry out and become rigid; we know this. Fava beans do not move, coffee grounds dry, lead solidifies. Drying out with time due to remaining untold, this reality born from deficiency and absence, this passivity, now begins to overflow at its ultimate speed. Fetanet, who is recounted by the Lead Jinni, in her explosive presentation, desires to melt this solidification, to pop out all of the evil eyes gazing upon them all. Fetanet's narrative turns into an effervescent presence rooted within her emptied out eye socket, resulting from the military coup, within that emptiness of the missing eye that no one can dare to look at. Always accelerating, her exuberant speech is like the movement of a fortune right before it is completed; it starts a movement to break all of the closed doors, one after the other, of the entire narrative, which began with waiting in line at the doors of customs. ("Why do you think the doors of the borders, doors of academia, doors of exhibition halls, theatre halls, publication agencies, and the doors of everywhere in which you can speak your words, are indeed closed to the ones you try to squeeze into numbers in the archives?"). The overflowing water in the last scene is many things at once; it is a rehearsal of revenge, a sign of exuberance, and, above all, it is the refreshment of telling.

Epilogue: "We will tie" the end of this thread

"Could we really tell, and are we salvaged now?" What about the thread that we hold now? Do we know to whom, to where, the thread that passes through the needle would extend? Which dried out, knotted stories will this thread reach? Which hearts that were sliced open will it sew up once again?

Autumn in New Stockholm is a play for people from various countries who hope to/are obliged to immigrate to New Stockholms for similar reasons. It is also a play for people who live in New Stockholms, as much as it is a play for audiences in Turkey. The play recounts the experiences of people who are pushed to emigrate due to continuous political instability and then must face further suffocating and misleading immigration policies that rob those who migrate of their identities and narratives. If we accept what Fetanet says in the play, "it is the definition of colonialism to take one's right to speak for oneself," the narrative of *Autumn in New Stockholm* aims its stern irony and judgement towards the colonialist countries who present themselves with promises of democracy and freedom. The play, as much as it is a narrative of confrontation with New Stockholms, is also the narrative of confrontation with the authoritarian politics of countries like Turkey, which Nesrin, Fetanet, Hazal, Suzan, Deniz, Fatma, and Ayşe needed to leave.

I hope that what was mentioned by the playwrights in the talkback session after the staged reading of the first draft of the play at Kumbaracı50 will all be realized: I hope *Autumn*

in New Stockholm will be translated to Kurdish and English,
I hope it will find shelves in Canadian public and university
libraries, and I hope it reaches a wide readership/audience,
from Kurdish theatre communities to Indigenous peoples
of Canada living in rural regions. I hope that the three play-
wrights who established solidarity and friendship between
themselves, and made such a work that embodies the values
of collective production, can help the bonding or rebonding
of various peoples who share similar experiences.

It is very gratifying that Armenian-Canadian theatre
artist and academic Art Babayants supports the play and
that it will be presented as a staged reading in June 2023 in
Toronto, Canada. I hope that *Autumn in New Stockholm* will
influence the Canadian audience not just with its content
and critical stance, but also by allowing them to encounter a
beautiful piece of *narrative theatre*[6] constructed with ele-
ments from Turkey's traditional narrative performances.

If we come back to Turkey, where currently the desire to
leave is more intense than ever, I hope that *Autumn in New
Stockholm* will remind us that the issue is more than just
staying or leaving. Above all, in both choices, the issue is
confronting what has happened /is happening /will hap-
pen.

19 April 2023, İstanbul

*Dr. **Eylem Ejder** completed her BA in the fields of Physics and Theatre. She graduated from her PhD at the Theatre Department of Ankara University with her thesis entitled *Dramaturgies of Recycling: Nostalgia, Metatheatre, and Utopia in 2010s Turkish Theatre* in 2022. She was one of the members of the 2018 and 2022 classes of the Mellon School of Theater and Performance Research in Harvard University. She worked in the Centre for Ibsen Studies at the University of Oslo as a guest academic. She continues her studies as a writer, editor and artist in İstanbul. Her work on the theatre world of Turkey after the 2000s regularly appears in national and international journals and books. She is among the co-writers of *Theatre Passing Through Letters* (with Zehra İpşiroğlu) and *Something Between Enthusiasm and Cooperation: A Critical Collective Book* (with Handan Salta). Since 2022, she has been taking part in various theatre meetings and festivals with her lecture-performance on poetry, ecology and theatre entitled *do,laş,mak* (meaning "to be entangled").

1. All of the explanatory footnotes in the English version of the text are written by the English translator to contextualize cultural or linguistic references for the Anglophone readers. Here, the translator also wants to thank the following proofreader/cultural-linguistic advisors: Olivia Siino, Esi Callender, Dr. Nathaniel Harrington and Oya Rose Aktaş.

2. This is a reference to a campaign slogan from the 2019 İstanbul Metropolitan Municipality elections, in which a candidate (Ekrem İmamoğlu) from the opposition party (Republican People's Party, CHP, a social-democratic statist party) won against the current right-wing party (Justice and Development Party, AKP) candidate after two decades of AKP rule. This generated immense hope amongst everyone who is unhappy with the AKP government. İmamoğlu's 2019 electoral success meant a larger scale change in the political system was possible.

3. This is the slogan that Kemal Kılıçdaroğlu, the leader of the CHP, used for the presidential elections on May 14th, 2023.

4. "We won't forgive, we will settle the accounts" — *"Helalleşmeyeceğiz, hesaplaşacağız!"* — is the slogan of the Turkish Workers' Party and anti-AKP youth. It was created in relation to the election slogan of the CHP's presidential candidate Kemal Kılıçdaroğlu who used *"helalleşeceğiz"*, which means to "make peace" or "to forgive" in a very specific Islamic context, as a slogan for the 2023 presidential elections. What it actually means in the religious context is to "let go of the rights you have on someone," which you have upon them under the omnipresent gaze of God due to their wrongdoings towards you; and if you do not let go of your rights upon them willingly and forgive them, they won't be able to enter heaven. Kemal Kılıçdaroğlu's campaign was constructed around peace-building in an extremely polarized society, which is why it adopted this slogan. What the Turkish Workers' Party proposes is not a politics of forgiveness with no consequences after the 21 years of anti-democratic AKP rule, but rather a way to "settle the accounts" once the legal system starts working as it should be — without bias — after the potential victory of the opposition in the 2023 elections.

5. "In three times" is a common phrase used in coffee fortunes. It is an ambiguous definition of time: it can be three days, three months, three years, three decades; or even, three life times. It also has a connotation of something that is "about to happen".

6. For more on narrative theatre, see:
Başar, Deniz. "Chapter 7: What is Narrative Theatre?" *A Dismissed Heritage: Contemporary Performance in Turkey Defined through Karagöz*. PhD dissertation. Concordia University. Montreal, QC, Canada. 2021. pp 322-422.
The source is open access in the following link:
https://www.academia.edu/86266422/A_Dismissed_Heritage_Contemporary_Performance_in_Turkey_Defined_through_Karagöz

***

Summary of the Process:[1]

The process began in February 2020, when Fatma Onat asked Deniz Başar and Ayşe Bayramoğlu to write a collective play together. The playwrights started meeting over zoom every week to build the world of New Stockholm. In April 2021, through Halime Aktürk's application to the Canadian Council of Arts as the project manager, the team was granted financial support in August 2021 to develop the play. In October 2021, dramaturg Şehsuvar Aktaş started joining the weekly meetings with the playwrights to help develop the play. In March 2022, when the team was still working on the first draft, director Onur Karaoğlu joined the process. There was a staged reading of the first draft of the play in Turkish to invited guests on Tuesday May 17th, 2022 at Kumbaracı50 stage (Tomtom, Kumbaracı Ykş. No:50, 34433 Beyoğlu/İstanbul). Under Onur Karaoğlu's direction, Fetanet-Lead Jinni was performed by Gülhan Kadim, Hazal-Fava Bean Jinni by Sinem Öcalır, Nesrin-507-Coffee Grounds Jinni by Ayşegül Uraz. Taking in the feedback from about thirty theatre artists, theatre critics, and theatre scholars who either joined the staged reading or read the first draft, the playwrights and the dramaturg started working on the second draft, which was finalized through the work of director Onur Karaoğlu in January 2023. On June 25, 2023 director Art Babayants and actors from Toronto Laboratory Theatre had a stage reading of the English translation of the play, in the Cahoots Theatre's Creation Studio Space (388 Queen St E #3, Toronto, ON, M5A 1T3).

300 copies of the first edition of this trilingual book, published by the Mitos-Boyut Publishing House; have been distributed to Canadian public libraries, university and college libraries, and to some community centers in rural areas across all regions of Canada; and have entered the archives of these open libraries.[2]

Dramaturgical explanations:

Lead[3] Jinni[4]: They[5] pour lead to repel the evil eye[6]. Fetanet and Lead are performed by the same performer. Lead Jinni is also the blind eye of Fetanet.

Fava Bean[7] Jinni: They fortune-tell through fava beans. Hazal and Fava Bean are performed by the same performer. Fava Bean is also the connection between Hazal and her ancestral land.[8]

Coffee Ground [9] Jinni: They fortune tell through coffee grounds. 507, her mother Nesrin, and Coffee Grounds are performed by the same performer. Coffee Grounds is also the relationship 507 has with painting.

Fortunes (and fortune-telling rituals) are the realms where all times and spaces can co-exist together. The way we use fortunes means to bridge the times and spaces between the audiences coming into the theatre space and the three women characters arriving in New Stockholm. Therefore, the jinnis become the voices of souls who live in time without space.

Nonetheless, the jinnis should be performed as characters who pursue their own motivations and desires. While our main issue seems to be the state that these jinnis are in, the story of these three (perhaps four) women should blossom from in between. Therefore, jinnis should be creatures who oscillate between *the desire to tell* and *the burden of the responsibility to tell*, which means while their properties such as judging or interpreting that come from the 'faculties of human mind' are rooted in their responsibility to tell, their joy and playfulness should come from their desire to tell. This is why they should be quite inviting; the stage is — to some extent — their home, which is why they are the ones inviting their audiences, which is also why their manners should be as seductive and playful as possible.

All three of the jinnis want to take as much or at least equal space in the "dream/mind space" of the audiences, which is why they should not be shy about telling, showing, and playing at all. They can even be in a bit of a competitive mode amongst each other; getting caught up in the enthusiasm of *telling,* they can take the word out of each other's mouths. Above all, their stories are connected to each other, they are interdependent on one another. Each can transfer their own part according to their own temperament (here we can use the verb 'transfer' repeatedly for the story that is telling itself, which we believe creates a wealth of meaning —"let me transfer to be transferred"[10]). This can be realized through having performative manners and gesture patterns that make Lead *explosive,* or get Fava Bean *spilling* or *spreading,* and get Coffee Grounds *pouring*[11]. These characteristics can show themselves in different forces and magnitudes, which remind the audience that the jinnis are not *completely* human. For example, Coffee Grounds can tell and act as if *pouring slowly and patiently* at some points, then *pouring suddenly and quickly* at other points. On the other hand, when Lead suddenly explodes with the vigor of telling (with the desire to affect the audiences, not with anger), Coffee Grounds (to make sure that audiences are not startled) can take the word and continue in a more fluid way; such techniques can potentially be used within their own dialogues amongst themselves. When Coffee Grounds starts pouring very fast, Fava Bean can take the narrative and can spread the details. In brief, let them be in contrast with each other in their performative manners, making them more interesting to listen and watch.

Additional dramaturgical notes of the English translator for Anglophone readers:

A. New Stockholm is a fictional agglomeration of Anglophone settler colonialist countries, which appears both as a city and a country in the play. This fictional city was first used in *Wine & Halva*, a play written by one of the co-playwrights, Deniz Başar, in 2019. The name New Stockholm is meant to include the following irony: all of the citizens of New Stockholm are acting as if they are in love with this city just like hostages experiencing Stockholm syndrome. Later this fictional city was used in Valérie Bah's upcoming literary work in English, *Subterrane*[12]. More writers are welcome to use New Stockholm in their writing to extend its world, and subvert and satirize the settler colonial cities' shared paradigm.

B. The country from which the characters emigrate is not named within the text on purpose. It is implied that it is Turkey.

C. According to the mythology of jinnis in Turkey and many other Islamic cultures, jinnis can possess people and cause trouble for them. Here, the opposite happens: Humans possess jinnis to make them tell their stories on stage.

D. Because jinnis are not human, they distort human language, using rhythm and sound as major elements of meaning making in their spoken language. Within the Western theatre paradigm, one can think of their stage presences as a blend of Commedia dell'Arte humor and Artaudian uncanniness.

*

Prologue: We will tell and maybe we will be freed!

They talk amongst themselves and decide on something in a way that the audience cannot hear. Each one of them salutes the audience with exaggerated gestures.

Coffee Grounds: Welcome!

Fava Bean: I am Fava Bean,

Lead: I am Lead / ...[13]

Coffee Grounds: And I am Coffee Grounds. We are fortunes. Patterns of three times, three paths to take, three lucky charms[14] are all seen on and by us.

Fava Bean: Your three times are here too. But wishy-washy. Torn apart. Spoiled. As if non-existent. As if both existent and non-existent. *(Beat)* Uh-uh!

Lead: Because for a while we are some dried up fortunes. WE are fortunes for a while... FORTUNES we are for a while! We are fortunes FOR A WHILE... for-tunes-we-are/ ...

Coffee Grounds: We are always the same fortunes. Because we always see them. In the coffee cups, between the fava beans, in the eyes of the lead; it is always their fortunes.

Lead: They have dried upon us, them, those three women. According to what they say to us, they have done something to us. What was that?

Fava Bean: Poss... poss...

Coffee Grounds: ess....

Lead: Poossssesss us. That's what they said.

Coffee Ground: Since they posssessss us, only their stories appear in us. Which is why we stopped lifting the cup,

Lead: Pouring the lead,

Fava Bean: Spilling the fava beans. They are still here. But you are here too. This time it is different.

Coffee Grounds: Let us tell you about them.

This time they look within themselves with eagerness, with appetite.

Coffee Grounds: With the power of Coffee Grounds...

Fava Bean: With the power of seeds...

Lead: With the power of the gaze...

Coffee Grounds: *(to the audience)* We saw three women at three different times.

Lead: *(to the jinnis)* Four. Do not forget the one inside that woman.

Coffee Grounds: We saw four women at three different times. First Nesrin was seen in me, opening up many paths. She was a laaawyeeeer. Also a mooothhheeeer. She decided to leave her home and come to a place called New Stockholm through... *(to the jinnis)* What was it?

Fava Bean: *(to Coffee Grounds)* Immigration.

Coffee Grounds: Yep! She decided to immigrate to New Stockholm. She had 507/Suzan inside her by then. She was the daughter of Nesrin. When she came out of her belly, she was going to groooow up, become an aaartii-ist.

Fava Beans: Hazal suddenly bushed out between my fava beans too. She was a dan-dancer. She too decided to do something to New Stockholm. *(to the jinnis)* What was it?

Coffee Grounds: *(to Fava Beans)* To immigrate.

Fava Beans: Yep! She decided to immigrate to New Stockholm. She was going to pick fruits there.

Lead: The woman that appeared to me eye by eye was Fetanet. She was an apiarist.

Fava Bean: Not an apiarist, an analyst. A researcher.

Lead: Yes. Also a seaybearg.[15] She decided to immigrate to

New Stockholm too.

Fava Bean: In three times these three women immigrated to New Stockholm. But New Stockholm did not accept their immigration. *Because immigration is not accepted. You immigrate, and the place you immigrate to will not take you in; you will waste your life at the threshold of the door.* That is what Hazal says.

Coffee Grounds: So that these women always appear to us as standing in front of a door. The name of the door is Customs.

1. Customs

Coffee Grounds: (*pointing at the cup they are holding*) Look! Are you seeing it here? There are sounds, sign-boards, lights, accents, luggage, doors… We might call it a roadside inn, but, well… it's not. The ones who can pass by are far fewer than the ones who are stuck. Look right here. See? See? Inside a cabin.

Lead: (*pointing at the piece of lead in their hands*) His shoulders straight, his face expressionless, he looks into you for interrogation. Three men, who are all the same man.

Fava Bean: Leave all those… that *man* alone, we should tell the women.

Coffee Grounds: Women, these women walk towards the booth where this man sits. For Nesrin, and for 507 who is inside her, the year is 1960, for Hazal it is 2016, for Fetanet it is 2046. But the booth is the same booth. In front of the officer there is almost everything except the embodied knowledge of the human flesh. This is an officer who took on the duty of asking questions, as if looking for the answer to a riddle. He is tired of sitting; he stands up with his whole body. He is thankfully not a lion, but it is as if he is roaring.

Fava Bean: Just when Nesrin is about to strengthen her back and start walking towards the officeeeerrr…

Coffee Grounds: Excuse me, Nesrin is the one who is possessing me, you will tell Hazal.

Fava Bean: Uh-huh? Why is that? To be clear, yours is the one inside Nesrin's belly: her name is Suzan, stage name 507. Nesrin is not the one who is possessing you!

Coffee Grounds: How am I supposed to tell a fetus without telling her mother? Is that even possible?

Lead: Does that mean that I should only tell Fetanet since she is the one who is possessing me? How can that be?

Fava Bean: *(to the audience)* We didn't tell you about that... The thing is, each one of us, us the jinnis, have a special kind of something with these women... What do you call it?

Lead: Connection?

Coffee Grounds: Relationality?

Fava Bean: Kindredship?

Coffee Grounds: Umbilical cord?

Lead: Yes! We have umbilical cords attaching *them* to *us*.

Fava Bean: Yes, it is like... Shadows.

Coffee Grounds: Let's see. *(Looks into the coffee cup)* An officer, at a booth. Our women are in front of him. The long-ish form that needs to be filled in on the plane is written in New Stockholmish; it will be given to the customs officer when the time comes, but the officer will ask again in this first encounter: "Do you speak our language?" If the answer is yes, New Stockholmish will be tested a bit once again on the spot.

Lead: Eh, this is the job of the customs officer, especially if you are one of those who will stay in New Stockholm for a long time, especially if you are one of those who *might stay for good*... Which is why it is normal that the customs officer is starting this interrogation by checking the language knowledge, as he puts it, of "our language".

Fava Bean: There is a mandatory follow up question to this one: "Where did you learn our language?"

Lead: At that moment the line moves forward and Nesrin finds herself in front of the booth, realizing that she has finished her first two hours and seventeen minutes in New Stockholm. But there is a familiar smell that comforts Nesrin; she can faintly sense the jasmine leaves that she always spreads and dries between her books. The customs officer, who eyes her from head to foot, lightly taps his desk as an order to pass her documents.

Fava Beans: Look at this now. Aha! Right here *(shows the fava beans that they are holding)*, at 2016 Hazal is still trying to understand the form with her level three out of ten New Stockholmish, cursing everyone who built the tower of Babel. Her lips, which she has been picking at, start to bleed. It won't be nice to appear in front of the officer with bleeding lips.

Lead: Look *(shows the piece of lead they are holding)*, at 2046, right at that explosive *kaboom!* moment of the first encounter; the officer cannot believe that Fetanet, with her softly trimmed accent in New Stockholmish, speaks this language with a grammar and vocabulary of level one hundred and ten out of one hundred.

Coffee Grounds: "Because," the customs officer thinks to himself at 2046 as he is fidgeting with his click clip ballpoint pen, "it's not possible for this girl to know more words than me with that accent."

Fava Bean: At 1960 the officer is sliiiiightly impresssssed with Nesrin's flawless New Stockholmish, which is why he cannot help but think: "Isn't it possible that this dark skinned, blossoming young woman in her twenties, who is obviously well educated, independent and completely alone, could be a spy?"

Coffee Grounds: The officer, contemplating this thought, goes to get the opinion of his superior. "Pardon me," he says; "there is a girl, with a dark face. I think there is some monkey business going on here; what should we do Mr. Senior?" At this point the officer shows Nesrin's passport to his superior. Of course, when we say 'shows her passport', we mean only the cover of it, to let his superior know where she is coming from.

Fava Bean: Then, Mr. Senior looks at Nesrin from afar for a while. He looks at Nesrin's long legs, her thin waist hugged by her two-piece suit, and her subtle cleavage a while longer, but of course just because of his inner call of duty.

Lead: "Hmm," mumbles Mr. Senior. "Good work chap, you should be awake at all times like this. You are very right to have suspicions; they don't dress like that there, I know it. Really look into it, question her a bit; this woman does not look trustworthy to me, whoever she is."

Coffee Grounds: Uh-huh?

Fava Bean: The young officer gets very excited about this. When he is playing with the corner of Nesrin's passport there is almost a whistle in his lips. He assumes that his promotion is close; especially if he manages to catch a spy, the promotion will come at the speed of light. "Gosh," he says inside, "I should take this interrogation seriously."

Lead: Of course, the officer never parts his lips to say these things, but we see it all from this small piece of lead; the suspicion completely possesses the officer in that moment. Nesrin is not aware of any of this.

Coffee Grounds: How can she not be aware? Nonsense! This is Nesrin that we are talking about, she might be inexperienced, but she is smart. Her motivation is to cross that bridge.[16]

Fava Bean: Is that how you cross bridges?

Coffee Grounds: I mean… What should she do, throw the bridge away?

Lead: *(To the jinnis)* Okay! Enough! I accept. *(To the audience)* Nesrin interprets the officer's silence as an acceptance and thanks him.

Coffee Grounds: Of course, in these three different times these three same customs officers all have their precisely tailored suspicions according to the spirit of their own eras.

Lead: Hazal's officer is busy diagnosing potential 'burdens', making sure they are not allowed in. This war is theirs, that war is yours; there are just so many wars and so many who are coming and going; what should the state of New Stockholm do? In the end they can mess up everybody's wars but they cannot take in everybody who gets messed up.

Fava Bean: Fetanet's officer is concerned with not letting in viruses left over from pandemics, epidemics, from first waves, third waves, one hundred and fifth waves, which are particularly rooted in faraway countries, shoveled together as the third world.

Lead: Back to the questions at the customs door. After the language prerequisites are passed, the actual questions start. Question one: "Your gender?"

Coffee Grounds: First answer is from Nesrin.

Nesrin is seen for the first time.

Nesrin: Woman.

Lead: When Nesrin is giving this answer she tosses her skirt, out of habit.

Fava Bean: Hazal gives her answer too.

Hazal is seen for the first time.

Hazal: Woman.

Lead: Fetanet has a sudden whim to soften the stiff atmosphere.

Fetanet is seen for the first time.

Fetanet: Cyborg.

Lead: Just when she is about to say this and satisfy her whim, she drops it.

Fetanet: Nope, okay; let's just say woman and let this pass.

Lead: Hmmm! As a security entrance question to New

Stockholm, "Is this your maiden name?" is not asked in two of these three times.

Coffee Grounds: This is only asked to Nesrin.

Nesrin: Yes, this is my maiden name.

Coffee Grounds: Due to the fact that this question is not asked in two of these times, we understand that there are now different state-level and societal issues and taboos in New Stockholm concerning womanhood, other than virginity. *(Beat)* On the other hand, Fetanet looks concerned about how to tell the officer, who seems to have a smile painfully stitched on his face, about the fact that it is impossible for them to have both of her eyes scanned.

Lead: Because she knows that then she will have to explain how she lost her right eye due to the first mass-level sanctions of a military coup that made it mandatory for all citizens who are over three years old to have eye implants, and which triggered an exceptionally rare side effect in her body that caused her to lose her eye completely. Knowing that this explanation will not be understood, triggers the drilling of a faint migraine. As the customs officer's gaze gets stuck on her missing eye, which Fetanet has covered with a stylish eyepatch, the intensity of the energy of evil eyes surrounding her aura becomes as strong as splitting forty different pieces of lead each into forty different pieces.

Fetanet: Umm, yeah, you can't do an eye scan because I don't have an implant. / What do you mean "How so?" I just don't. / Ha ha! You are very funny Mr. Officer. No, indeed, this pirate patch is not an accessory, no. / No truly, my eye socket is completely empty. That's why it is covered, I mean —I wouldn't want to nauseate you but— they had to stitch my eyelids to each other because of this; it doesn't hold a glass or robotic eye anymore either. / I mean, wouldn't it be better if I don't show you because… / Sure sure, I understand, of course...

Lead: While some may believe that evil eyes cause bad luck, and while some others may believe bad luck holds onto evil eyes, Fetanet's family didn't listen to anybody's word and fought a highly influential public legal battle about Fetanet's eye.

Coffee Grounds: Despite the fact that this issue wasn't the mistake of the doctor making the implant, as various specialist reports claimed, in 2035 the lawsuit was filed away after a ridiculous amount in damages was ordered to be paid by the doctor in question.

Fava Bean: When the officer asks, "Why did you come to New Stockholm Miss Fazilet?" Fetanet's answer is as clear as it gets:

Fetanet: My name is Fetanet, actually. I came here for the Bio-Politics of Immigration Management Doctoral Programme, which I've been accepted to.

Lead: "But you got the acceptance last year," says the officer.

Fetanet: These days, if you don't have an eye implant, then you have no identity documents. Do I have an eye implant? No. So it took me a year to be able to come here with my non-existent eye implant, since I needed to knock on the doors of some high-level executives countless times. I swear, it would have been faster if I'd walked here. All of which I could tell you, but I won't, since I want to pass through your door.

Fava Bean: Look, the bridge has turned into a door this time!

Coffee Grounds: *(to the audience)* After this internal debate Fetanet tells the officer that:

Fetanet: Yes, but it was under the condition that I should come here within a year. As you can see in the attached documents. Since it's only April of 2046, the year-long period has not ended yet.

Coffee Grounds: The officer curls up the side of his lip, scratches his chin; while asking — or perhaps implying — something, as he says: "So you came here for education Miss Nazrin?" To which Nesrin answers:

Nesrin: Sir, it is not Nazrin, *Nesrin*. Yes, I came here to receive my education in the Family Laws Master's Degree within the Law Department of the University of New Stockholm.

Lead: The blue of the officer's eyes is not as clear as Nesrin's answer. He pushes his glasses down on his nose;

Coffee Grounds: "Can I see your letter of acceptance?" he asks.

Fava Bean: This question she was expecting, but it still sends chills to the back of Nesrin's neck; the documents folder in her hands slips and falls. Upsadaisy! All of the official documents, and dried jasmine branches that somehow got mixed in the folder, are spread on the floor. Not to cause more trouble for herself, she inhales all of the smell but leaves the branches on the floor. While her acceptance letter dated May 1960 is waiting to be picked up at the tip of her feet, everywhere smells of beautiful flowers.

Coffee Grounds: The officer with blue and bleary eyes pumps disinfectant to his hands and spreads it like a fly while asking Hazal:

Lead: "I couldn't really understand it Miss Zelal, did you come here for the 2016 harvest through the seasonal worker emergency quota as a dancer?"

Hazal: My name is Hazal; I came here as a florist.

Lead: When Hazal says this, the officer flexes his spine back, cracking each bone one by one, looking at Hazal exactly like a fly opening its wings.

Coffee Grounds: "Whatever. Here it says that you are a dancer," he says with one eyebrow raised. "Is that an untrue statement?" Hazal ties the hair tickling her neck into a bun with an attitude, and with her sweetest voice satisfies the curiosities of the officer:

Hazal: No. I am a dancer; I also like working with soil. Is it a crime to have more than one interest in this country?

Fava Bean: Thankfully the officer doesn't hear this last question of Hazal's; obviously his own questions are more important. "Did you apply to any other countries?"

Nesrin: No, never! It was my one and only ambition to come to New Stockholm.

Lead: The truth is that Nesrin came to New Stockholm essentially and most importantly to hide; from her family, her community, the committees of relatives that buzz like a bee hive, and neighbours' gazes; from which she thought she could escape only if she went as far away as possible. Eh, was she wrong?

Hazal: It was almost like a childhood dream for me to come to New Stockholm. It was such a lofty goal for me, I cannot even put it into words. I especially cannot put it into words because my New Stockholmish is quite limited, therefore please just help me out and understand.

Fava Bean: Before having to hit the road, Hazal had a botanical video channel. This was a YouTube channel with approximately a thousand followers. After the last video that she released there were some denunciations; responsible state officials were called upon by certain publics to do their duties, heaven knows why. After these denunciations were taken seriously, of course Hazal also had a sweet little cherub of a formal accusation file. She was held responsible for a fire that started at a university's canteen.[17] In the official accusations, she was referred to as "the suspected arsonist who used pigeon manure to frame the birds for the fire". Additionally, to increase the impact of the explosion and to create more deadly results, the accusations stated that she mixed pearlite along with other forbidden materials into the soil. Moreover, her dances performed in protests[18] to stand in solidarity with the relatives of those whose lives were taken and bodies were hidden by the state were described as "aiding and abetting terror," her dance workshops that she gave in parks for free as "rehearsals of acts of terror", and certain words from her unwelcomed mother tongue[19] that she used in her accused video as "operational keywords"...

Lead: *(Cuts Fava Bean's word)* Oho-oh! Apparently, this list goes on. If we cut to the chase, since we're getting short of breath with all these accusations, Hazal turned her eyes towards the map, which is how she discovered New Stockholm. Just think about it, Hazal lives here, and New Stockholm is faaaaaaaaaaaaaaaaaaaaaaaaaaa-aaaaaaaaaaaaaaaaaaaaaaaaaaaaaaaaaaaaaaaaaaaaaaaaaaaaaaaa aaaaaaaaaaaaaaaaaaaaaaaaaaaaaaaaaaaaaaaaaaaaaaaaaaaaaaaa aaaaaaaaaaaaaaaaaaaaaaaaaaaaaaaaaaaaaar away there. That's how far it is. How unapproachable it is. *(Beat)* Then what were Fetanet's reasons for justifying her arrival?

Fetanet: I came here because the best university in my field is in New Stockholm.

Coffee Grounds: Actually, Fetanet's real motivation was to enter New Stockholm's state bio-data archives, which no other country could dare open. This was where her interest in this oddball country-city lies; that it can open its own archives — under limitations, of course — to its own university. Obviously, she would tell neither the customs officers nor the customs forms that she was going to use this place as a stepping stone and leave this second rank university and country-city ASAP.

Lead: Fetanet confidently smiles facing the customs officer, who in return continues to ask questions non-stop as if playing them from a voice recording. "Okay Miss

Letafet, where would you stay? If in a house, what is your relation to your landowners? Will you pay rent? Do you plan on buying property here in the short or long term?"

Fetanet: I don't know what Letafet would do, but Fetanet won't burden you!

Coffee Grounds: Fetanet immediately provides the location of the two rooms plus one living room, maybe one room plus one living room, maybe a room/living room; or perhaps a living-room-like-capsule that the university provides her.

Fava Bean: Hazal is unsure if she should provide the address of the hostel that she used on her visa application, or her friend of a friend's aunt's brother-in-law's home address who will come to pick her up from the airport, or the barracks that she will stay in as a two-month seasonal worker two kilometers away from the closest town. She sticks the pencil in her hand into the crowning bun on her head, and scratches her skull until her skin screeches.

Coffee Grounds: Nesrin first cracks the joints of her right hand, following with her left hand, *crack crack,* and then she repeats the postal address that is printed on the documents she is holding.

Lead: The next question is "how much money did you come here with?" Fetanet realizes that she has once again involuntarily started picking the skin of her fingernails, as she says the sum of her scholarship and the savings in her bank account with all its fractions.

Hazal: I can live comfortably with the money in my account.

Fava Bean: After saying this Hazal places her hands on her lips, which are slightly stinging, trying to suppress her internal hesitation rooted in the gap between what she is declaring and the truth. There is no need to pick her lips anymore, to induce more pain. Hazal skillfully attaches the bank statement showing the money in her account that was collected from the seven branches of her extended family.

Coffee Grounds: "You have said that you have a regular income in your country. Would that income allow you to live here once converted into New Stockholm currency?"

Fetanet: Yes, my scholarship allows me to live in this country comfortably.

Fava Bean: Hazal takes a deep breath. Because all of the aunties, grannies, uncles, neighboring aunties, basically all of the creditors agreed that they will not get their money back until she crosses the border.

Nesrin: My family's real estate rents are saved in my bank account. Since the currency is one to one, I can live without becoming a burden to your state.

Coffee Grounds: Of course, how can Nesrin know now that in a few months an economic crisis will be triggered in her country and the exchange rate will drop to one to twenty to one.

Lead: "Do you have any kind of bodily deformations like scars, birthmarks, tattoos or the like? If so, what are the reasons for them, Miss Zerrin?"

Nesrin: Nesrin!

Coffee Grounds: Based on what I'm seeing from Nesrin's coffee cup, from the place where the coffee grounds are most clearly bubbling into eyes, at this point she is unaware of the birthmark shaped like an upside-down question mark in the color of coffee grounds forming at the back of the neck of her daughter, 507, who, growing in Nesrin's belly hidden from everyone, will inherit the entirety of her mother's beauty and the evil eyes that this beauty attracts.

Fava Bean: This question finally hits a sore spot in Fetanet, which triggers the nerve in her leg that was broken three years ago and hasn't healed completely, making the surrounding muscles twitch like a beating heart.

Fetanet: There is the eye! I mean there is no eye! I just told you about it… / Excuse me, I didn't want to raise my voice. It's just that I'm excited, my grandpa would always say, since childhood I was a bit like this… / There is no place for such things here. I see. You are right. I'm sorry.

Coffee Grounds: Why did Hazal pull her t-shirt up to her nose like that, my dear Fava Bean? Is there a scar, tattoo, deformation? Is there a fault, a stigma, a sign of destiny left on the body that is unacceptable?

Fava Bean: Soooo, in the mid-2000s Hazal returned to her home lands— which she had left in the 1980s as a little girl[20] — as a young tourist. With a group of friends from her university, they tour the entire region, from its cities to its villages. When she returns, her expression, mind, and heart are quite heavy. There is a mark that is left on her face, drawn with the ink mixed with the milk of a mother who is still breastfeeding. Hazal carries the mark of her journey tattooed to her chin as a *deq*.[21]

Coffee Grounds: The customs officer is fidgeting in his seat. Of course there is a variation on the same question that follows up the first one. "Is there a mark on your skin that you would like to erase?"

Fetanet: No. But it would have been nice if my eye had been solid.

Hazal: No. But it would have been nice if the burden of the one on my chin had been lighter.

Coffee Grounds: Nesrin waves this question off with a simple "No – no!" without feeling the need of saying much. Exactly at that point 507 feels a tingle on the back of her neck; the birthmark shaped as an upside-down question mark in the color of coffee grounds starts to develop in her newly forming skin.

Fava Bean: "Do you use any fragrances other than your natural scent?"

Nesrin: Chanel No 5.

Lead: Nesrin pinches herself not to laugh when the customs officer notes Chanel No 5 on the documents in front of him. With no time to lose, the questions continue with all their speed anyways: "Miss Hayal, are you afraid of being touched?" Hazal, upon hearing this question, bends over herself as if she is having a stomach-ache, and thinks to herself, "Hey-yah! I hope stones as big as Hayal[22] fall upon your head! It is Hazal! Hazal!" and takes a breath in as she straightens her back again.

Hazal: I'm a dancer! I don't see how this is related to anything! So, no! None!

Lead: "Is there anything that you ate despite the fact that it's not food, Miss Nezaket?"

Fetanet: I ate earth a few times when I was a kid, Mr. Officepig![23]

Coffee Grounds: The last bit is said internally, of course.

Fava Bean: "Is there anything that you don't eat because it triggers allergies?"

Nesrin: Pumpkin!

Lead: Do you get tickled?

Hazal: Are you for real?

Nesrin: A loooot!

Fetanet: Whoa!

Lead: The officer continues asking questions without breathing.

Coffee Grounds: "Were you ever diagnosed with mental illness at any point in your life?"

Fetanet: Goooosh!

Coffee Grounds: "If not, is there anyone in your family who has a history of mental illness?"

Fetanet: Excuse me, but I will ask something Mr. Farticer, is your right to question endless? I'm curious to learn through which legal framework you are asking me such private questions.

Coffee Grounds: The officer, without even raising his head, and without wrinkling his professionalism, as straight as his ironed shirt, says, "You do not have the right to ask questions just yet; if you feel like you were treated badly here, then you can access legal processes after you pass the border."

Lead: You spilled like coffee grounds again!

Fava Bean: Despite the permeability of the human skin, the uterus, which is completely opaque to the colors or smells of the outside world, is like a dark grave for 507.

Lead: Nesrin's motherhood was somewhat comfortable, but it was isolated. 507's mother hadn't yet had a diagnosis fastened around her waist, such as bipolar or borderline, as is routinely given to immigrant women who have a nervous breakdown.

Coffee Grounds: New Stockholm's bureaucracy, with its manicured iron claws, wasn't gripping Nesrin yet. Its eyes, infected by an excess of evilness in its gaze, hadn't touched her yet.

Fava Bean: Such diagnoses were given to the women of New Stockholm under the name hysteria not long before.

Lead: As we've said, these three women, both wild and connected, came to us with three knots in their skirts. Now it is time for us to tie the first knot after this long prelude.

Coffee Grounds: The first knot starts when the three same customs officers lightly raise the tip of their eyebrows at these three different times.

Lead: "Did you ever commit a crime? If you have, what was the nature of this crime? Describe the location and time of this crime in detail."

Fava Bean: Hazal finds herself again in that long list of accusations, unable to figure out what she is actually accused of, her eyes gazing far away.

Coffee Grounds: Nesrin takes her hand to her belly uncon-
sciously. 507 in her belly feels the warmth of that hand.
The water, warmed by her mother's hand, makes waves
and creates an unusual tremor. With the upheaval of
this tremor, 507 starts to tumble inside the water of the
uterus. The joy that rises within her makes Nesrin hic-
cup. This hiccup dries her palate and enlarges her
pupils, and when the officer repeats the question…

Lead: Da-da-da-daaamm! Nesrin cannot hold herself any-
more, and vomits right there.

Fava Bean: In 2016, right at this point of the interrogation,
Hazal's itch on her left breast intensifies and since she
doesn't know about the rice that her aunt has sewed
inside her bra after praying upon and blowing good for-
tunes into it. She starts biting her nails, fearing that they
will quarantine her thinking that she has scabies.

Lead: Why is your hand always at your breast madam?

Coffee Grounds: It means that you are hiding something if
you are biting your nails, miss.

Lead: Hey! What is happening there?

Fava Bean: As these sentences echo in her head and
enlarge her anxiety, the fresh smell of jasmine reaching
out to her from the line behind her calms her down like
a light and compassionate hand touching her shoulder.

Coffee Grounds: 507 thinks that this vomiting is a sign for
her to come outside so she presses her feet to her moth-
er's belly.

Fava Beans: This vomiting, accompanied with Nesrin's
naïve excitement which leads her to touch her belly
occasionally, polishes the variety of conspiracy theories
that are seeded in the officer's mind. The officer pushes
his glasses down on his nose and asks Nesrin if she is
absolutely sure she is alone.

Coffee Grounds: When Nesrin has nothing else left in her
that she can vomit except her daughter and her inner
organs, she lifts her head and smiles at the officer. Spry

officer, with the flashes of the coming promotion in his eyes, answers the smile of Nesrin by blowing the whistle hanging on his neck to call the customs police officers. Poor 507 who hears all of these sounds but cannot understand what is happening tries to get her voice heard from within the water.

Lead: At 2046 Fetanet, supposedly due to her implant-less-ness, goes through a strip search, only to be interrogated once again after getting dressed in the same place where Hazal is scratching herself until her skin screeches and where Nesrin vomits everything inside her in 1960.

Fava Bean: *(As the officer)* I'm not convinced.

Fetanet: Of what?

Fava Bean: *(As the officer)* Of the justifications for your implant-less-ness, considering that implants are the passports of our day.

Fetanet: I have documents that can be used as such, though.

Fava Bean: *(As the officer)* Not convincing.

Fetanet: All the seventy-three documents that I have been trying to collect, which are all signed, stamped, sealed?

Fava Bean: *(As the officer)* Not trustworthy.

Lead: She feels a moment of sudden vertigo; everything goes blurry. Fetanet just wants to get up and leave. Then she senses a breeze that wafts over her from both left and right, the fragrance of a flower that she tries to name hits her face and brings her back to her senses.

Fetanet: Is that jasmine?

Fava Bean: She thinks to herself. Fetanet straightens her back. She is used to being a usual suspect due to her missing eye, which evil eyes have touched. She doesn't have the fragility to be beaten down by such treatments; after all, she has trained in such things since childhood.

2. Encounters

Lead: But that is not our issue right now; we're about to get to our issue, if we follow the fragrance of jasmine from a moment ago, since we will arrive at the crime which Fetanet wouldn't have been able to foresee, but was destined to commit eventually. Which is also the story of the encounters through which all of these women are intertwined with each other.

Fava Bean: The university's archive room. It is mandatory to scan both eyes to enter the room. But Fetanet does not have those both eyes to be scanned! Which is why she needs to take blood tests at each entrance.

Coffee Grounds: One day, when Fetanet is at the digital archive room, the turquoise signal light starts blinking, and the system tells her there is a file that matches her DNA.

Fava Bean: The file belongs to Fetanet's half-aunt. What does a 'half-aunt' mean? It means that the owner of the file is the daughter of Fetanet's grandfather, but not the daughter of Fetanet's grandmother. Who is Fetanet's half-aunt? 507.

Coffee Grounds: *(To the audience)* I hear it, I hear it! You are saying inside, "Ow, darlings! Why are you getting into this kinship pit-hole right now", aren't you? The thing is, Fetanet's grandfather Cemil, while he was married with children, had a relationship with the daughter of a family friend, Nesrin, while she was working as an intern in his law firm. Cemil was 45 years old back then, and Nesrin was 20. When Nesrin got pregnant and Cemil insisted on an abortion, Nesrin told him that she had done it. Then she secretly prepared her documents, and – boing! – jumped to New Stockholm. 507 was stowed in her belly, of course.

Lead: This kinship, actually, was discovered not by coincidence, but when Fetanet interfered with the coding of the programme. Once she gets the data on this genetic match, Fetanet is filled with the excitement of entering the simulation room. Only here, it is possible for her to meet with the simulation of 507. Mind you, this is not a legal entry.

Fava Bean: So now Fetanet will hack the archive: she will find a way to open a back gate that only she can enter through, into a system that is thought to be functioning in closed-circuit. *From outside.* A door that doesn't have limited access, from outside the archive into the archive. Actually, this small and silly algorithmic loop-hole, which she initially discovered purely coincidental-ly, would cause waves of migraines from within her eye-socket that is touched by evil eyes. Fetanet would one day decide to hold the tail of her own migraine and to hit the road towards her own trouble. You should see how that road is taken.

Fetanet: New Stockholm Genetic Immigration Archive System, Programme No 10.3. Respond to my voice.

Coffee Grounds: While Fetanet's knees are shaking with excitement, a turquoise light winks at her from within the computer. The computer is clearly abetting Fetanet towards crime. The back door is open. Fetanet's mouth waters, her single pupil enlarges, her heart beats at 170 beats per minute.

Fetanet: Open the file number 507 and finish the setup for the virtual speaking room. Interesting, the system can send me to any date from birth to death. I didn't know this quality could be specified… 1968 please!

Fava Bean: Now, at this date Nesrin is 28, and 507 is 8 years old. Inside the simulation room, Fetanet and 507 are in front of the walls of a house with high ceilings. This is a wall with unusual lines on it. There is a metal staircase put in front of the wall so a little girl can reach the higher parts. The staircase is taller than the child. The colors enlarge too, as she climbs the stairs.

Child 507: Stop breathing over me.

Fetanet: Are you speaking to me?

Child 507: Look, my mom boiled beets for me since I ran out of red paint.

Fetanet: Where is she? Your mother?

Child 507: Inside; she is crying.

Fetanet: Crying? Why?

Child 507: They want to send her to her country.

Fetanet: Isn't it your country too?

Child 507: No, I was born here. They will keep me here.

Fetanet: You want her to stay?

Child 507: She will stay if the police want. If she stays we can keep painting together.

Fetanet: Is she giving painting lessons to you?

Child 507: My mom teaches me everything. Only thing that she doesn't teach is New Stockholmish. But I learned it.

Fetanet: How so?

Child 507: I can speak in places where my mom is not.

Fetanet: And your mom?

Child 507: Maybe she does in places where I'm not.

Nesrin: *(Calls)* Suzaaan! Who are you talking to?

Fetanet: Suzan is your name? Is that your mother who called?

Child 507: Fuck it!

Fetanet: What? What did you just say?

Lead: We should transfer some of the context here: since Nesrin said she was alone while entering the country, upon her entrance she is deemed guilty of a category of crime that she hasn't committed yet.

Nesrin: Oh, fuck it!

Lead: Nesrin, whose mother and father looked after her with such care, who was sent to her own country's most modern and Westernized schools: Nesrin, whose manners and politeness would spin the heads of everyone, spits out her first "fuck" on that very day. After giving birth, she will be marked by the authorities for deportation for entering New Stockholm without declaring that she was pregnant. But 507, who is Suzan according to the name that her mother gave her, is given the eternal rights to be "raised with the best opportunities" of New Stockholm due to being born as a citizen. Obviously, Nesrin cannot take a New Stockholm citizen who is less than 16 years old out of New Stockholm without the approval of a parent who is also a New Stockholm citizen, even if it is her own child. Since there are no parents who are New Stockholm citizens, Nesrin must leave, 507 must stay.

Nesrin: Argh! Fuck!

Fava Bean: Nesrin is a very successful lawyer. She earns all of her qualifications and starts to work in a law firm. Since she is not a citizen, her title is not technically 'lawyer', but rather the ambiguous 'advisor'[24]. Lawyers from New Stockholm working with her win many cases, thanks to her knowledge and skills; and of course they take all of the credit for themselves without leaving any traces or stitch marks behind.

Nesrin: Fuck it all!

Lead: Nesrin is definite about not leaving her child. She grits her teeth and starts the legal processes the moment she can turn her student visa into a part-time working visa. This could happen only when the office that Nesrin works at could *please* write a sponsorship letter, after having exploited her labour and skills for two years straight.

Coffee Grounds: In that critical period in which the law office is playing hard to get when it comes to *doing* justice, they make Nesrin clean the office and serve tea and coffee, while advising her on things like washing her hands after using the washroom to make sure they can integrate her into the civilized world.

Lead: They do all of these things with their passive aggressive smiles, just as in the toothpaste commercials, where the whitest and shiniest of teeth try to conceal dead fish eyes. Smiles in which the lip muscles are pulled high, implying that the teeth on display will leave deep and sharp cuts when they bite.

Fava Beans: While all these things are happening, Nesrin also fears that the news will be heard by her family back in the old country; she has many sleepless nights, she can't eat or drink, but despite all this she does not let go of either her own case or the cases of her clients that she is working on as an "advisor".

Lead: This is when the year becomes 1972, which is exactly when Nesrin decides to take her child and return back to her own country, regardless of all the societal pressure and political threats. She knows very well that if she exits through that door, that way, she can never return to New Stockholm, but by now she is a master of shrugging things off. But, this is also exactly when, in her old country, a military memorandum is instated. Which is why everybody back home calls her to say "never return". They tell Nesrin, "carry stones in New Stockholm if necessary, just never return".

Fava Bean: In Nesrin's home country it's an ancestral tradition to pressure the ones who went to New Stockholm to never return.

Coffee Grounds: So Nesrin can't return. The case between Nesrin and the state of New Stockholm continues for years. In every trial her motherhood is questioned; she is charged with neglect and insufficiency. Nesrin loses weight, but does not lose her will. Social services officials knock her door out of the blue anytime, any day, to see if 507 is being raised according to New Stockholm culture. Nesrin starts to close the curtains completely, develops the habit of looking back constantly as she walks down the streets, and stops leaving home except when going to court.

Lead: Inside the little studio that now has a little garden at its balcony, and school at its kitchen table, Nesrin does not leave 507 out of sight for a second during the daytime. At night, whenever she is about to close her eyes for an instant, she wakes up screaming with nightmares. When the neighbours go to the police due to the screams coming from the apartment, the hand of the New Stockholm state truly rises.

Nesrin: Fuck fuck fuck fuck fuck!

Fava Bean: Nesrin, now being barricaded on all four fronts, returns home after winning her last client's case. Leaving without saying any goodbyes – for which she is harshly criticized behind her back – from the party that her New Stockholmer colleagues are throwing to celebrate the ruling, despite the fact that they have no part in any of this success.

Coffee Grounds: She sits down in front of her desk and writes detailed letters describing her years-long legal fight to all imaginable written and visual, local and foreign media outlets. Since she has become only skin and bones by now, the wood of the chair that she is sitting on hurts her bum.

Fava Bean: The next day, at the breakfast table Nesrin assigns the duty of sending these letters to 507. Little 507 celebrates this little space of freedom since she is rarely allowed out of her mother's sight at all; she runs to the post office the moment she grabs the letters.

Lead: That day, just when 507 is 12 years old, Nesrin eats all there is at the continental brunch that she has set for herself and drinks a nice cup of coffee with no sugar, covered with a layer of brunette bubbles; and she leaves her last "fuck off" to the life that has closed upon her, and she hangs herself.

Fava Bean: At the end of her letter, she requests that the media outlets report news of her death with her below attached written testament.

Coffee Grounds: Thankfully, Fetanet will not be a witness to this suicide, and she will leave the simulation room with the image of the eight-year-old 507 in her mind that first day. But through her subsequent research, she will learn about the letters that Nesrin wrote before she died, and will also discover that, due to these letters, the legal codes that separated the children that were born in New Stockholm from their mothers that were citizens of foreign countries were changed.

Lead: On the other hand, 507 will place Fetanet, this one-eyed woman who appears to her from time to time throughout the loneliest years of her childhood, like a ghost from the future, into the category of metaphysical experiences that she lived without the use of drugs. Sometimes she would come back to these childhood dreams to get to know this unknown woman, and sometimes — especially during the 1980s when she becomes a trendsetting icon of the underground psychodelic-punk-electronic music scene of New Stockholm — she would draw again and again a one-eyed cyborg woman, which would inspire a now-famous cocktail named "*cyborg cyclops medusa*" in a bar where she was regular.

Coffee Grounds: At 2051, though, despite the fact that Fetanet is very curious about this cocktail at a dinner that she goes to with her friends from the department, she can't have it, since it will appear in the blood tests the next day.

Fava Bean: Oh, but stop! We were talking about crimes, weren't we?

Lead: Crime! Eh, of course, umbilical cords are always knotted due to crimes, and when it is knotted, it never becomes less than a Gordian knot.

Coffee Grounds: It is the year 2014 and our beloved Hazal is as refreshing as underground waters, lively and enthusiastic. The idea of going to New Stockholm is yet to come to her mind.

Fava Beans: Look, she is uploading a new video from her flower-scented home to her YouTube channel.

Lead: This is the video that will become the source of many allegations that will give her a lot of headaches.

Coffee Grounds: The causes of these headaches are the String-of-Hearts plant and fertile flower pot soil.

Fava Bean: Can you please play the video starting from its seventh minute? In the meantime, my dear Coffee Grounds and Lead, would you mind please reading the comments section of Hazal's video, if you maybe, potentially, have nothing else to do? Thank you in advance.

Lead: It is all because of these women. They have thousands of requests and apologies on their tongues.

Coffee Grounds: Oh, of course, this is the first thing to learn. In New Stockholm if you try to say one sentence without requests, apologies, and 'thank you's, they would look at you, while pursing their lips tightly, out of the corner of their eyes, in such a way that you would feel stark naked, that you would be ashamed. That's what Hazal says.

Lead: If you can stop overspilling, and if you can stop scattering coffee grounds for a second; let's please get on with telling this story! Just say "read the comments section," and don't make a fuss about it.

Coffee Grounds: Look who's talking! Are we the ones who are exploding and scattering?

Fava Beans: Ehem! We were talking about the video!

Hazal is seen from within the YouTube video frame.

Hazal: … as soon as I had the chance, I ran to the botanical garden. Do not worry, I took some videos there too, to share with you. Now let's get to our main topic. This week I will talk to you about the String-of-Hearts flower's phases of planting.

Coffee Grounds: *Mehmet1071*[25] : Do you think you can hide the name of your illegal organization behind these pseudonyms, lady? It's clear that you're no "flower"!!!

Hazal: Here in my hand there are some wires that I cut into small pieces, like this. Then I take one of these leaves with beautiful eyes, press it into the soil, and tie it with the wire. We call this the dipping method. This method is used a lot in parks and gardening to multiply plants. You can have some very good results especially with plants that like hugging, climbing, or holding on to things.

Coffee Grounds: *BrotherhoodRam1254*[26]: Your perverseness, your betrayal never stops. You even drool over bugs and plants.

Hazal: I didn't pull this hugging plant from its roots, just planted its branches in the soil. It has eyes in between its two leaves. When it holds onto its soil those eyes will grow and develop nubbles, and from there new branches will grow. The magic of multiplying, of giving birth, can be found in this tiniest of places.

Lead: *TheSmallGuyWhoSeesTheBigPicture:* Don't even think that we don't understand what you are doing baby doll. 'Eye' means the informant who brings news to the traitors, 'root' means the separatist new republic[27] that you want to establish. We won't let you!

Hazal: Some of you couldn't get the fertility you hoped for from the soil this year. Maybe because of that, there were many questions from you on how to make the soil more fertile, so let's speak a bit about that too, no? From what I understand, many of you are living in homes in big cities with small balconies, or even if you don't have balconies you want to make your windowsills into gardens as much as possible.

Coffee Ground: *Mujahid66*[28]: We won't let you turn those tiny little apartments filled with evil balconies!!! — if you ever buy it!!! — into gardens.

Hazal: I do not have a balcony or a garden, but as I said before, I spend a lot of time in the urban gardens of my city.

Coffee Grounds: *GrayWolf41*[29]: Urban gardens are where people get high. Urban gardens are!!! homes of!!! Prostitution!!!

Hazal: It took a long time, but I managed to improve the fertilization here. Aha, and when it comes to the greens in my home they are doing well too. As you can see in my background, my tiny home turned into a little green laboratory. There is no space left for me to rehearse dance here anymore. Even doing two somersaults here is more difficult than making a camel jump over a ditch.[30] Now I do my rehearsals in parks and gardens.

Coffee Grounds: *Informant6406:* Ditch!!! Laboratory!!! Hmmm!!!

Lead: The comments under *Informant6406*'s comments: We know this woman's ideological dance videos too. What is she rehearsing there? Only the devil would know what she might be doing in that house… That's not a house, you fucker! It's a terror cell!!!

Hazal: In short, it's important that the plant loves its soil. Of course, sometimes such bonds of love do not happen right away. Plants can wither, rot, or get infected with bugs. Then you have to do some interventions. You can start with reinforcing the soil by adding vitamins and minerals.

Coffee Grounds: *Brotherhood1298745950:* Do you think we don't know what you mean when you say reinforcing the soil, you separatist[31]. Do not think we forgot the videos of the protests that you took part in. People like you call themselves artists or environmentalists[32] to separate the country. But you cannot separate, you cannot reinforce that very soil.

Fava Bean: *(To the Coffee Grounds)* Aah! That's really enough.

Hazal exits the YouTube frame.

Fava Bean: When the fruit-picking season in New Stockholm's countryside ends, Hazal will return to the city, where she will try her hand at many jobs, from looking after children and elderly people, to dish washing; and she will simultaneously feel the pride of being able to manage all of it, along with not being able to cover her living expenses with any of it. But thankfully she will accumulate some cash due to her tax evading boss who suggests that she work under the table. Just when she is planning to move to a more comfortable place with this money, one day, her home, which she was carrying in her backpack, will be robbed. Her computer, camera, passport, and all her savings will be gone. Worried that the police officer who is taking her statement will ask "how come you have so much cash?", she won't even mention this money.

Coffee Grounds: Here we come to the story of how Hazal encountered 507. But first we have to tell you a bit about 507's art. Just as the fortunes of a coffee cup overspill from the heart, open pathways to themselves one by one, give news from the future through news-bearing birds and luck-bringing fish; 507's illustrations were as intense, engraved, and complicated as her destiny.

Fava Bean: These complicated illustrations were knotted, just like lovers in a carnal embrace, like tangled hair, like the poisonous ivies that dry out giant plane trees, like the fetuses who choke their twins with the umbilical cord in the womb.

Lead: Above all, due to these tangled umbilical cords, 507, who was ornamenting the walls of the uterus she was in with all her fresh creativity back then, would suddenly come to a halt with great despair in the 59th year of her life (all lived in New Stockholm) in the middle of the ginormous gallery — financed and run by a major international banking corporation, the city municipality of New Stockholm, the state of New Stockholm, and even the high imperial power that New Stockholm is attached to, making it an extremely determinant component of the global arts market — during her retrospective exhibition, for some reason.

Fava Bean: The works that she produced were as follows:

Lead: Carpet designs; broken coffee cups; random photocopies of illuminated manuscripts of religious calligraphy; unrelated protest videos found online, covering both left and right wing movements; shoes piled together; colorful miniature coffins; a video montage ambiguously superposing the first and last presidents of the old country; a folk music instrument that has its strings wrapped in censorship bands; a traditionally crafted pink satin blanket marked with period blood...[33]

Coffee Grounds: The exhibition that 507 was conceptually building with an elegant humor and irony to mock New Stockholmers' biases, was perceived by New Stockholmers as –

Fava Bean: *(Cutting Coffee Ground's word)* oscillating between "oh, poor savages who live in faraway countries" and "well, sure, they practice patriarchy over there, how tasteless". New Stockholmers would believe in their heart of hearts that 507 is representing her faraway and *obviously primitive* mother country —which she has never visited — in its most *authentic* and *truthful* form.

Adult 507: Someone who filled out my social media survey asked me to make a work for my retrospective exhibition out of the closest and most distant memories I have. It is indicated in the survey that he is a customs officer. How can I ever say no to you, my dear customs officer? Let me see... I set fire to the orphanage I was placed in when I was seventeen. When my mom committed suicide, I deleted her language from my memory. I made paintings on the walls in the streets. I was shoved and abused, sometimes applauded. But my heart never beat so fast, as if to break out of my rib cage.

Fava Bean: Despite the fact that 507 wants to smoke a cigarette in front of her retrospective exhibition, which is highly celebrated but in truth just broke her heart by being completely misunderstood, she instead decides to have a coffee, since this overdeveloped country banned smoking. When 507 sees Hazal, rolling herself a cigarette with her wild and furious and vulnerable and delicate hands in the dingy alleyway next to the coffee shop, she suddenly freezes. Because from between Hazal's half-open mouth a clean-cut "fuck it" is pouring out in her mother's language, which tingles the coffee-colored birthmark shaped like a question mark at the back of 507's neck.

Coffee Grounds: 507 learned spitting out '*fuck it*'s from her mother when she was little; as you would know, Nesrin was spitting out '*fuck it*'s just as a believer would count their prayer beads. She was like a main character that escaped from an arabesque melodramatic movie and didn't hesitate for a second to mix into real life.

Lead: Nesrin would regularly shout out a beautiful '*fuck it*' to the system that was grinding her down, to the family pressures that were sucking her blood like a slug, to her ex-lover, Cemil, who couldn't do shit and was rotten inside, to her abusers and to the police, to her colonizers, and again to her colonizers.

Coffee Grounds: Nesrin's '*fuck it*'s were poisonous, because her heart was clean. When someone's heart is clean, their '*fuck it*' would find its target no matter what, even if it is after seven generations.

Lead: This is perhaps why Nesrin's '*fuck it*'s, which she exhaled like damnations, cast an evil eye on the youngest grandchild of Cemil, who is indeed Fetanet, whom he called the "apple of my eye".

Coffee Grounds: You know there is an idiom in New Stockholmish, which translates to something like *dodging a bullet*, used to mean 'to narrowly avoid danger'. 507 said this.

Hazal: Narrowly avoiding danger is an ancestral sport amongst us. For example – bang! – and a bullet might pass right by you, or right through you at any time. If you couldn't dodge the bullet, according to the rules of the game, you might be questioned on why you were in front of that bullet to begin with. You can be encouraged to pack your home into your backpack and immigrate to another land. If you are decided to have performed one of the ten illegal moves of the game, the central court of arbitration can revoke your right to life for an ambiguous amount of time, you can be forced to run straight and then split from the team[34]. The conditions are tough, so clearly training is a must.

Fava Bean: That is how Hazal is able to find and rescue Fetanet's mother and father inside a cloud of tear gas and dust as if she had placed them there herself, while Fetanet was nothing more than vitamins in a grapefruit, back in June of 2013.[35]

Lead: Fetanet's mother and father do not know each other back then. Both of them are young and naïve university students who happen to be passing through the same street at the same time. From where they happen to be passing, suddenly a lot of gas bombs are fired; both of them freeze in shock as groups of men with machetes, who appear out of thin air, start running towards them.

Coffee Grounds: That is right when Hazal pulls them, in one grab, into a music instruments store to hide, and reprimands them:

Hazal: What are you doing out there like dummies! Why don't you run! Why don't you hide!

Lead: Then Hazal leaves them alone to check on the ones

who fainted, but these two instead look at each other. Standing there, just staring at each other.

Fava Bean: That is the gaze that starts it all. The seed of Fetanet is planted right there, inside that gaze.

Hazal: What is 507? What on earth is 507? She should go fuck herself! Is this woman a human being or a number in an archival file? Like, what is she? Ouch, hold on a second, my eyes are burning with frustration.

Lead: See, in the year 2017, Hazal who went out for her cigarette break, is speaking to her friend from her old country on the phone about this exhibition happening right in front of the coffee shop she is working in, which really irritates her, and as she puffs the smoke furiously, some of it gets into her eyes right when she is speaking these lines.

Hazal: It is almost as if they are giving out free pastries to celebrate Prophet Khidr[36]; you should see the length of this line! You'd think that the flowing waters would stop[37] here in the name of art, as if everyone drops everything and runs to art! All of this just to say *"look how authentic this all is! But of course our high civilization's effect on the artist cannot be denied"* — You should see how ridiculous they are! Hashtag *we went to a gallery*, hashtag *we are cultured*, hashtag *oh so colorful*! Fuck you all, I hope the waters of your lands dry out! Hope your lineage dries out!

Lead: 507 watches Hazal from afar for a while. Hazal notices this old and worn-out-looking woman in hippie clothes, but doesn't care. Once she pours out the rancor brewing inside her a bit more to her friend, she hangs up the phone with a soft smile, after mimicking many kissing sounds. Following this, 507 who knows that timing is the most important strategy to survive, interjects with a question - *spoken in her mother tongue after decades.*[38]

Adult 507: Could you – pass on a cigarette for me too?

Hazal: Ah! Are you one of us too?

Adult 507: Where is yours?

Hazal: No, you're not. It's obvious in your tongue. You were born here. Your mom and dad are ours.

Adult 507: Why – you angry?

Hazal: About this exhibition. Did you go?

Adult 507: I did not. You?

Hazal: I wish I never had! Supposedly this is someone from our country, but she seems to want to make herself grand here in New Stockholm by burying everything that is *ours* alive.

Adult 507: You did not like it?

Hazal: It's flimsy wherever I grab it; how can I like it? And all these people who hear that the artist is from my country come to me and praise her to me, then they staaaare into my eyes looking for sentimental tears. At the same time, I would be swearing things like *crude, wanton, spineless, spiritless, wicked, corrupted* and they think that I'm complimenting her in my own language. So, there is no need to beat around the bush, it's just shitty work! Whatever, you asked for a cigarette. Here. My name is Hazal.

Adult 507: And I am 507.

Fava Bean: It's all silence here. What we see now is the shiny arch smile on 507's face and the reddening cheeks of Hazal. Later, they would meet in similar cigarette breaks quite often. Hazal would be taking these breaks during her shifts in the third-generation coffee house chain where she works, and 507 during the lunch breaks of her long-durational performance art piece in another gallery, titled "the artist you are looking for is not present". Hazal would pile the questions on her mind in front of 507, and 507 would add more questions to these questions asked to her in her mother tongue. Days turn to months, and they keep each other in close company.

Lead: But, actually 507 is an arsonist. Also, a murderer. A liar too.

Fava Bean: Let's not call it that, but rather say that she has been involved in some events due to some reasons.

Lead: Moreover, her real name is Suzan!

Coffee Grounds: When Suzan's mother dies, she is placed in an orphanage by the state of New Stockholm, and there, she starts doodling illustrations everywhere she can, which no one can make sense of. When it becomes difficult to contain her due to the trauma she experienced, Suzan starts to get endlessly punished. When the bells toll on her 17th birthday at midnight, she collects all that belongs to her and sets fire to the executive building of the orphanage with the matches that light the cigarettes she's addicted to. She is escaping forever. Her childhood persona, Suzan, burns inside her identity file, kept in a closet in that executive building.

Lead: Therefore, 507 murders Suzan.

Fava Bean: That day she chooses her file name, 507, as her own name. Because she knew she was going to be excluded no matter which way she turned. *(Beat)* On the other hand, after Hazal's backpack is stolen at the beginning of 2018, she cannot go to her own country's embassy to get a new identity document, because in the meantime the accusations against her became further rooted, growing branches in her absence, in her homeland. Her exit from her country, which she did in completely legal ways, is now included in her file as if she illegally crossed the border. She became someone who is really searched for in her old country. But just when she becomes homeless, landless and passportless, Hazal's path intersects with a dance company. New Stockholm's birds that cannot stop singing, its horses that cannot stop running, and its trees with strong shadows follow this company. They hit the road, all together…

3. Surgeon's Knot or Fetanet's Presentation

Lead: There's a new question added to the customs form in the year 2023. Among all the women, only Fetanet needs to answer it in 2046.

Coffee Grounds: "Justice or utilitarianism?"

Fava Bean: What is that, like form over function?

Lead: *(Dubiously)* Well, you know, they say it's not the size that counts, it's how you use it.[39]

Fava Bean: Which is why Fetanet is also dumbstruck for a second in 2046.

Coffee Grounds: Then, without thinking much, she said:

Fetanet: Justice.

Fava Bean: The customs officer who heard that made a face as sour as if he'd just drunk gallons of lemon juice and vinegar.

Lead: Perhaps the customs officer saw inclinations towards crime in this answer, which is why he searched Fetanet's luggage once more.

Coffee Grounds: Six years have passed since, the year is now 2052, but for reasons unknown, Fetanet has never forgotten, especially, this last question.

Fava Bean: Now she will rethink, and answer the same question again.

Coffee Grounds: Oho! Look at that! It seems like Fetanet will be making a presentation. There is a stage here.

Fava Bean: Oh wow! Look how Fetanet's insides are twisted with distress! Her heart is about to overflow like a pot of milk forgotten over the fire.

Lead: There are eyes on her, eyes. There are too many eyes on her. She is all riddled with evil eyes.

Coffee Grounds: They pushed her into this presentation. Obviously, they have really forced her.

Lead: Finally, when Fetanet agreed to do this presentation, there is something that she wrote, what was that?

Fava Bean: Presentation thing… Text. File?

Coffee Grounds: Hah, something like that. They made her — how many times? — I mean let me say maybe twenty, you say maybe forty —

Fava Bean: Let me say maybe thirty-five, you say maybe forty-five —

Lead: Ehem! They made her correct it maybe fifty times. They assigned her suckersions.[40]

Fava Bean: It is not suckersions. Feignisions.[41]

Coffee Grounds: Revisions?

Fava Bean: Yep. That one.

Coffee Grounds: Which meaaans, they saaaiiid —

Fava Bean: Who do you think you are, you dog!

Coffee Grounds: Do you think you can write a theory without considering where you were born?

Lead: Do you think you can collect quantitative data?

Fava Bean: We can only allow you to entertain us with your pitiful and pathetic stories, okay?

Lead: Of course, they didn't say such things.

Coffee Grounds: At the end of the day, this is New Stockholm.

Lead: These are polite people in their commercials, but in reality, they are acid tasression[42] people.

Fava Bean: First of all, it's talcid gastosteression![43]

Coffee Grounds: Oh, come on! What was it, – oh – inert testosteression![44]

Lead: Ehem! Passive aggression!

Coffee Grounds: Yep! Thanks. Which is why they won't speak an impolite word.

Lead: They would rather give suckersions.

Fava Bean: Never censorship. Only suckersions.

Lead: But the stage is like that, you know; once you get up there and collect all the gazes onto yourself; at that moment no director or regulator —

Fava Bean: No suckercions nor inert testosteressions –

Coffee Grounds: Even God Herself cannot hold Fetanet!

Lead: Now, Fetanet will speak without any suckersions.

Fava Bean: Oh wow, what is that! There's a cloud of whispers above the stands.

Coffee Grounds: A high ranking someone says,

Lead: "She deserves it, our girl really deserves to speak on that stage."

Coffee Grounds: "I'm glad we gave her this opportunity."

Fava Bean: "Of course, of course, dear provost. Thankfully, she is a very smart girl so we didn't have to remind her that her entire scientific and ethical credentials are based on this presentation."

Lead: Hush! Quiet! Fetanet is taking the stage!

Fetanet: Respected contributors of the Medical Humanities Intercontinental Conference and United Nations delegates who are preparing witness reports on the Bio-Politics of Demographic Movements; you expect me to present my six-and-a-half-year-long study in five minutes, which I find to be an amusing ratio, assuming that I worked at least ten thousand hours for my study; so, I instead ask you, do you think it is fair to try to fit six-hundred-thousand minutes into five?

Fava Bean: With rustling sounds, the stands continue their murmuring conversation amongst themselves.

Coffee Grounds: "Of course, of course, dear head of the committee, you are indeed very right. It was additionally helpful that we reminded her of the fact that her degree is based on this too."

Fetanet: I guess there are a few short sentences of assessment that you expect from me, but sadly due to my work being more expansive than that, I couldn't put together those sentences in the ways you demanded. Instead of that, I would like to say a few words on my research process first, and then ask you a few questions, since now I have my chance on the stage.

Fava Bean: Oh, drop everything, we are at the most exciting part; pause on transferring the whispers for two minutes; look, she will now recount how she found Nesrin and 507.

Fetanet: For example, I found a lost relative of mine, in your archives. Which is how I solved the dark history of my own family, and what you have done to a young woman and her child, one slipknot at a time. That is how I constructed the theoretical discussion on the conflict of interest between justice and legal systems in my work.

Coffee Grounds: Look, now she will tell how she found Hazal.

Fetanet: Then I found — one by one — the works of the kindred women from my lands, all the things that they touched with their hands and spirits; their works that were meant to be lost, but were never lost, in your archives. I found their dances, their paintings, their writings; all the things that caused trouble for you. But mostly their dances, because dance is the rehearsal of revolution. That is how I constructed the philosophy of resistance in my work.

Fava Bean: If we return to the meeting hall, the whispers, which were cut suddenly with shock, just started again now.

Coffee Grounds: As the speech is entering its last minute, there is a visible uneasiness wandering over the stands now.

Fava Bean: There are some winks and eyebrow raisings towards the officers at the side of the stage.

Fetanet: With your permission now, let's get to the questions. Do you think your family history can be found in the state archives?

Coffee Grounds: Right then and there, some rustling

sounds begin in the microphone, an electronic buzzing starts to echo through the sound system; and immediately an announcement is heard from over the stage.

Fava Bean: "There is a temporary problem in all of our microphones due to an issue that we can't diagnose currently, altering the characteristics of the frequencies. We apologize on behalf of all of our contributors for this interruption to your listening comfort."

Coffee Grounds: Following this announcement Fetanet leaves the microphone at the podium and walks to the front stage. She pulls her voice down to her diaphragm and continues speaking to the audience that she now holds in her palm, without shouting, without the safety of a fourth wall. She seems to grow larger on stage by the second, and as she gets to gigantic proportions, she triggers a terror within the New Stockholmers that they would feel quite uneasy to confess.

Fetanet: If your family history does not come out of the state archives, why do you think that is? Is it because your family history is erased and destroyed, or because your family has integrated the state into itself enough to grind or censor the unwanted data from within?

Fava Bean: Right at that second the winks and eyebrow codes turn into coughs in Morse code in the stands.

Coffee Grounds: We enter the last thirty seconds of the speech. The colossal digital timer above the stage, which especially counts down the seconds of dangerous speakers like Fetanet, starts to blink its red neon lights.

Fetanet: Do you think it is ethical to do research on the information of people who don't know that their lives are archived?

Fava Bean: What's that, now? Another announcement is heard.

Lead: "As our technical team, which takes into consideration the aural sensitivities of the listeners, try to adjust the sound pressure levels, our speaker can use this opportunity, if they chose, to take a short break."

Fava Bean: Thus, Fetanet lowers her voice yet another key, and continues to speak without a microphone, without the sound systems, with a voice that doesn't sound like it belongs to a human, let alone a woman; without giving any attention to these schmucks; with a bass-baritone voice.

Coffee Grounds: Most of the audience are as if hypnotized now; they do not want to listen, but they cannot leave either.

Fetanet: If your privacy was documented in state archives without your knowledge, and if you were to be examined in the research project of a scientist after your death, what do you think your grandchildren would feel?

Coffee Grounds: Right at that moment a fire alarm starts to ring, offending the "aural sensitivities" of all ears.

Fetanet: Do you think the feelings of your grandchildren are important politically? Do you think it is possible to burn down the entire archive?

Fava Bean: The digital timer counts the last fifteen seconds.

Fetanet: Why do you think the doors of the borders, doors of academia, doors of exhibition halls, theatre halls, publication agencies, and the doors of everywhere in which you can speak your words, are indeed closed to the ones you try to squeeze into numbers in the archives?

Fava Bean: At that moment the water mist suspension systems located at the ceiling are triggered by the fire alarm, and the water pouring from above mixes with Fetanet's sentences as it wets the entire audience.

Fetanet: Do you think it is the definition of colonialism to take one's right to speak for oneself?

Coffee Grounds: As an answer to this final question, the digital timer above the stage withdraws into itself and dies without making much sound, thanks to the water droplets getting inside it.

Lead: That is how Fetanet's final five seconds remain hanging on the dead screen.

Coffee Grounds: Time freezes in New Stockholm.

Fetanet: My dear Dr. Frankensteins, this monster that you created does not thank you for giving her the opportunity to talk for a few minutes.

Fava Bean: Then, Fetanet removes the patch that covers her eye, and a turquoise light flows through the water droplets raining from everywhere.

Fetanet: Please do not applaud.

Coffee Grounds: Says Fetanet as her final words, as she casts the gaze of her blinded eye, which no one can bear to look at directly, over the petrified guests.

Lead: Then, knowing that she has cast an evil eye on everyone, an arch smile dances through her lips.

EPILOGUE

A moment. All three jinnis take a pause.

Coffee Grounds: *(Whispering)* Are we freed now?

Lead: *(Whispering)* I really don't know.

Fava Bean: *(Whispering)* How are we to know?

Lead: *(Whispering)* We told them, they listened. They need to remember what they are told, then go tell it to others. Only then will these knots be released, so other stories can find us.

Coffee Grounds: *(Whispering)* Yes, but how are we supposed to be sure that these knots are released?

Lead: *(Whispering)* Let's ask questions.

Fava Bean: *(Whispering)* Come on, is this a test?

Coffee Grounds: *(Whispering)* It's not.

Lead: *(Whispering)* This is a story.

Coffee Grounds: *(Whispering)* Then we can summarize what is left in our minds.

Fava Bean: *(Whispering)* Yep, that would work. Let's finish as we started. *(To the audience)* I am Fava Bean / ...

Lead: I'm Lead / ...

Coffee Grounds: And I'm Coffee Grounds.

Fava Bean: They possessed us:

Coffee Grounds: Nesrin, 507 –

Lead: Hazal and Fetanet.

Fava Bean: They migrated to another city, another country:

Coffee Grounds: New Stockholm.

Fava Bean: They lived through different seasons:

Lead: Sweltry summers,

Coffee Grounds: Humid springs,

Fava Bean: And never-ending winters. The shadows of their skirts touched each other only in the winds of autumn. And each time the same smell was cast upon the air:

Coffee Grounds: Jasmine.

Fava Bean: Throughout their lives in New Stockholm,

Coffee Grounds: They were undervalued,

Lead: Belittled,

Fava Bean: Were accused and politely threatened.

Lead: With being *forced* to leave.

Coffee Grounds: And living in that *place* was like walking on thorns. They bent their backs until they crossed bridges[45], but the bridges were never ending. They were fed up with passing under them each time; sometimes they passed by walking on handrails like acrobats, sometimes they jumped above holding onto the suspension cables like monkeys, sometimes they wrapped the bridge like an ivy to pass it; but they always did cross.

Fava Bean: They loved, produced, cried, got enraged, damned with a 'fuck it', laughed. In short, they lived. Then, they appeared before us.

Lead: Now we will show them to you. For the last time.

Coffee Grounds: Nesrin. Woman, lawyer, activist, mother, fellow friend, trustworthy for holding other people's pain. She liked to make natural paints, solve problems, damn injustice with a *'fuck it'*. When she was born the grapes were being picked, molasses was being boiled. When she died, it was the nesting time of the birds. In the archives of New Stockholm, her date of birth was recorded as 1940, and her date of death as 1973.

Lead: Suzan or 507. Woman, visual artist, composer, sculptor, fellow friend, trustworthy for holding other people's pain. She liked to smoke, to blow up the walls of authority, to cast arch smiles. It was the second expected, seasonal, but sudden warm wave in the air when she was born; she died when it was the time for baby kangaroos to crawl out of their mother's pockets. New Stockholm archives her date of birth as 1960, death as 2023.

Fava Bean: Hazal. Woman, dancer, agricultural worker, caregiver for children and elderly people, dishwasher, barista, fellow friend, trustworthy for holding other people's pain. She liked to dance halay[46] shoulder to shoulder, to put her fingers through earth, to feel the wind through her hair as she was dancing. When she was born it was the time of black frost, when she died cuckoo birds were arriving. New Stockholm archives her date of birth as 1985, her date of death as 2046.

Lead: Fetanet. Cyborg, researcher, academic, clue finder, navigator, collector of stories, fellow friend, trustworthy for holding other people's pain. She liked to listen with all four ears, to speak without censoring her statements, to enlighten secrets. It was Hıdırellez[47] when she was born, it was the calving season of walruses when she died. New Stockholm archives her date of birth as 2023, her date of death as 2100.

Fava Bean: So, we were talking about the knots. We said so, we told it, 'do you think they are solved now', we were asking. Can you come back here for a second, please?

Coffee Grounds: Excuse me. Yes, we told. We told, for sure we told, but perhaps we tied new knots as we told.

Lead: We tied more knots for sure, but perhaps there are other hands needed to solve them.

Fava Bean: *(To the audience)* We're talking about you. You hold the end of this thread.

Lead: Now you go, tell it to other people.

Coffee Grounds: So we can open our fortunes for new stories. With the power of coffee grounds!

Fava Bean: With the power of seeds!

Lead: With the power of the evil eyes!

Three jinnis disappear inside the turquoise light that is said to have beamed through Fetanet's blind eye.

THE END

[1] All of the explanatory footnotes in the English version of the text are written by the English translator to contextualize cultural or linguistic references for the Anglophone readers. Here, the translator also wants to thank the following proofreader/cultural-linguistic advisors: Olivia Siino, Esi Callender and Dr. Nathaniel Harrington.

[2] Our project manager Halime Aktürk thanks on behalf of the team to our part time assistant Ahmet Cihad Sivri for efficiently organizing the distribution of these 300 copies.

[3] The element lead, *plumbum* in Latin, symbolized as Pb in periodic table (atomic number 82).

[4] This is a religious-mythological figure in Islamic cultures. In Islam jinnis are believed to be made of fire, whereas humans

are made of earth, and angels from a material called "nur" which can be imagined as a combination of light and air. In Anatolian cultures there are many derivatives of the jinni figure. Jinnis are generally imagined as dangerous, but not inherently evil. Culturally speaking, they are usually imagined as naughty, seductive, and haunting figures. Jinnis are believed to exist in a parallel realm with the human world, occasionally being in touch with humans. The jinni figure can be contextualized in relation to the Jewish mythological figure dybbuk.

[5] Turkish does not have gendered pronouns, therefore – as the structure of Turkish emphasizes – jinnis can be imagined as non-binary figures.

[6] This is an ancient shamanic ritual that survived institutional Islam and is still performed in contemporary Turkey today, generally by older women. Basically, the person who is believed to be harmed by the evil eyes of many people (which means the envious gaze of other people on that person, the hidden desires of other people wishing harmful things for that person) is covered under a white cloth (for safety reasons), and melted lead (which can be melted easily in home conditions due to its low melting point) is poured over the head of that person into a pot filled with water which someone else is holding over them. When melted lead hits water it immediately cools down creating a shape with many "eyes"; this is seen through the multitude of holes on the cooled lead. It is believed that these "eyes" collect and materialize the envious and harmful gaze of other people on the person who the ritual is performed for, therefore removing the toxic energy around that person. The ritual is generally accompanied by prayers, despite the fact that institutional Islam in Turkey does not approve such customs.

[7] This is a particular way of fortune telling performed in Turkey usually by Roma women. It is performed through spilling fava beans (sometimes along with other small objects) and interpreting their shapes and patterns.

[8] The text subtly indicates to audiences in Turkey that Hazal is Kurdish, whereas other characters are Turkish. Therefore, in the Turkish text when we say "Hazal's land" it means the

Kurdish majority cities in Turkey, in the southeastern regions of the country. Similarly, "Hazal's mother tongue" means Kurdish (Kurmanji) in this context.

[9] An easy and daily ritual of fortune telling performed by many people in contemporary Turkey. After someone finishes drinking their Turkish coffee, they would cover the cup with the saucer and flip the cup. After waiting for the cup to cool down, they would pass it on to a friend who would open the cup and interpret the coffee grounds to see the current state and future of that person.

[10] This is a riddle that dramaturg Şehsuvar Aktaş suggested and playwrights accepted while conceptualizing the role of the jinnis in the development of the play. Therefore, treat this riddle as a core element when dramaturgically approaching the jinnis. The verb "to transfer" repeatedly appears in the speech patterns of the jinnis too, to highlight this core element.

[11] These definitions are based on the ways in which these materials (lead, fava beans, coffee grounds) behave during the rituals or fortune telling sessions.

[12] For Valérie Bah's first collection of short stories in French, *Les Enragé.e.s* (2021) see:
https://www.editions-rm.ca/livres/les-enrage·e·s/
ISBN: 978-2-89091-752-1

[13] "/..." means jinnis are taking the word smoothly from each other's mouth, "—" means the jinnis are cutting each other's words. "/" means the character is interrupted by someone whose answers are not staged.

[14] Character utilizes the verbal patterns of coffee grounds fortune telling.

[15] A distorted version of the word "cyborg".

[16] Alluding to the Turkish idiom "you should address a bear as an 'uncle' until you cross the bridge", which means to say or do things that one doesn't believe in until a precarious situation ends.

[17] Despite all of the material details being changed in Hazal's story, the core of this legal conflict is constructed in parallel to the on-going official accusations against Pınar Selek since 1998.

[18] This refers to the continuing protests of the group of

mothers (who are dominantly Kurdish) known as Saturday Mothers who have come together in Galatasaray Square in İstanbul every Saturday since the mid-1990s to protest the state enforced loss of their children. The group is regularly compared with Mothers of Plaza de Mayo in Argentina by global human rights activists.

19 This means Hazal used Kurdish words in her video, when the state language is Turkish.

20 This refers to the massive internal immigration of Kurdish people from South East regions to the Western regions of Turkey, which was triggered and carried out due to the armed conflict between Kurdish guerilla PKK and Turkish Armed Forces following the aftermath of the 1980 military coup and 1980-83 military rule.

21 Name of Kurdish traditional tattoos in Kurmanji.

22 This is a colloquial curse in Turkish: "başına [...] kadar taş düşsün". The fill-in-the-blank part comes from what is said prior in the conversation.

23 Women start mocking the officer's title as he insistently misnames them.

24 At this point in the story Nesrin has graduated from her MA in New Stockholm, and has fulfilled the proficiency exams that are needed to transfer her degree from her home country. The office she is working in is keeping her in a kind of "intern" position without naming it as such, and not allowing her to practice her profession fully.

25 The YouTube nicknames here are made up according to the jargon and symbols of the synthesis of Turkish-Islamic nationalism. This one ironically superposes the date of 1071 Battle of Manzikert – which is marked in official Turkish history books as the war that "opened the doors of Anatolia to Turks" – and the first name of the Ottoman Sultan Mehmet the Second (also known as "Mehmet the Conqueror") who famously took over then-Constantinople from the Byzantine Empire in 1453.

26 I translated *AhiKoç* as *BrotherhoodRam*, which is again a superposition of contemporary and historical symbols from within today's Turkish nationalism. *Ahi* means Ottoman era guilds of craftsmen and merchants that were also tied to a vari-

ety of Islamic religious orders (generally being Sunni Muslim). *Koç,* "ram," is a symbol of both masculinity, and an important sacrificial animal at the time of the Feast of Sacrifice.

27 This refers to establishing Kurdistan as an independent state.

28 A warrior who is fighting for the causes of Islam.

29 The mythological gray wolf has been an important symbol of extreme Turkish nationalism in contemporary Turkey.

30 "Making a camel jump over a ditch" is a Turkish idiom to indicate that a certain job is very difficult to do. It is translated here quite literally to use the word "ditch" as it is in the original phrase, which — thanks to the political paranoia of 2015-2016 in Turkey — is used against the fictional character Hazal to construct a story around her to deem her guilty. At the end of 2015 there were major military conflicts between the Kurdish guerillas and the Turkish Army, in which the Turkish Army used disproportionate force and conducted many deeds against human rights, which hurt countless Kurdish civilians in Turkey to varying degrees. One of the major arguments of Turkish officials for these military operations was that Kurds in these cities were opening "ditches" to prevent the Turkish military from entering. Therefore "ditch" was a keyword of this specific era.

31 Referring to all Kurds as "separatists" who want to establish a separate state of Kurdistan is considered an offensive labeling in contemporary Turkey.

32 This is a reference to 2013 Gezi Park resistance, which was initially triggered by the environmentalist struggle to stop the abolishing of Gezi Park in Istanbul.

33 These are all super reductive and highly Orientalized images of Turkey especially when served to ignorant Western audiences, which also have the potential to be perceived as being "critical" or "brave" when it is exhibited in such a biased and ignorant context.

34 Here the analogy between human rights abuses is told through soccer terminology, which intends to create a certain dark humor.

35 This is the Gezi Park resistance. Hazal — being Kurdish, and experiencing the forced immigrations of the 1990s from the Southeast of Turkey as a child — is "trained" in the game

of the Turkish state as she mentions in her previous statement; way more than Fetanet's parents, who are implied to be Turkish people from the West coast of Turkey.

36 A traditional way to celebrate Prophet Khidr, by giving out a special kind of pastry. Generally associated with the Alawite branch of Islam (which is an oppressed minority in Turkey).

37 Translation of a Turkish idiom used sarcastically to mean that even the most natural flow of things would halt in an event this big.

38 The italic section of this sentence is added to the English translation to clarify the dynamic here, which was implicit in the Turkish original of the text.

39 I would like to especially thank Dr. Nathaniel Harrington for helping me translate this ideological joke as smoothly as possible into English.

40 Made up word rhyming with "revision".

41 Made up word rhyming with "revision".

42 Made up phrase rhyming with "passive aggression".

43 Made up phrase rhyming with "passive aggression".

44 Made up phrase rhyming with "passive aggression".

45 Referring to Turkish idiom "you should call a bear as an 'uncle' until you cross the bridge"; which means to tolerate unfair treatment or belittling behavior pragmatically until a difficult situation ends.

46 Most common of Anatolian folk dances. Since the 1960s halay also started having a political meaning as it was used to mobilize and energize crowds in left wing political protests. In the past few decades halay has become more associated with the Kurdish resistance, but it is also generally perceived as a celebratory dance for performing community and solidarity in contemporary Turkey.

47 This is the night of 5th of May, celebrated for the coming of Spring in many Eastern Mediterranean Islamic cultures. The folk myth is that the prophets Hızır (Al-Khidr) and İlyas (Elijah) met on Earth every year close to the dawn of 6th of May.

PLAYWRIGHT BIOGRAPHIES

Fatma Onat

Fatma Onat was born in 1980 in Turkey, in Siirt province's Şirvan district. She graduated from the Theatre Criticism and Dramaturgy Department under İstanbul University's Faculty of Letters. She completed her postgraduate degree in New Zealand's Auckland University of Technology, under the faculty of Te Ara Poutama which is for Māori and other indigenous peoples; with her research focusing on theatre and performance. She is the first student who worked on Kurdish theatre in this faculty. Within the discipline of theatre she generally works as a dramaturg, playwright and theatre critic. Between 2004 and 2010 she worked as an editor and writer in agencies serving sectoral magazines. She worked as a text writer for various theatre festivals and photography exhibitions. Between 2013 and 2017 she worked as a theatre critic in Halkbank Culture and Arts website. Some of the prominent art journals she has published in include Evrensel Pazar, Milliyet Sanat, and Radikal İki. Her play *Smoked Stuffed Grape Leaves* took second place in the 2017 "Stage Play Writing Competition" organized by the Mitos-Boyut theatre publishing agency and Nilüfer Municipality. The same play became one of the three play texts that competed representing Turkey in the 2019 Heidelberger Stückemarkt festival in Germany. She is a member of the International Association of Theatre Critics.

*

Deniz Başar

In 2014, Deniz won the jury's special award in Mitos-Boyut theatre publishing agency's annual contest for her play *The Itch*, and in 2016 she won the Derbent Playwriting Contest with her play *In the Destructible Flow of a Vast Monolithic Moment*. This play was performed as a stage reading in the 2019 Revolution They Wrote Feminist Theatre Festival in Montréal. She has worked as a puppet maker and dramaturg in many productions in Canada. Her play *Wine&Halva* will be staged in Toronto and Montréal by the Toronto Laboratory Theatre in 2024 under the direction of Art Babayants.

She received her PhD from Concordia University's PhD in Humanities Programme in early 2021 with her thesis entitled *A Dismissed Heritage: Contemporary Performance in Turkey Defined through Karagöz*. She has presented her research in many international conferences, and her work has been included in edited volumes and peer-reviewed journals. She continues her research through the FRQSC post-doctoral fellowship in her host institution of Boğaziçi University, and gives dramaturgy courses to acting students in Bahçeşehir University's Conservatory as a part-time lecturer.

*

Ayşe Bayramoğlu

Ayşe was born and raised in İstanbul, Turkey and currently lives in Australia. She has been professionally involved in theatre since 2009 predominantly as a playwright, as well as an assistant director and a performer. She has worked with both text and pretext of performances devised in collaboration with Tiyatrotem – which is a theatre group that has prioritised traditional Turkish storytelling and shadow puppetry with non-hierarchical ways of working– and also took part in conventionally structured theatre practices. Her plays were translated into English, Catalan, French, Italian and Greek, and staged in these countries. *Windows* was published in French in August 2022.

Ayşe's last project was co-directing İbrahim Hallaçoğlu's play *Where My Accent Comes From* in Melbourne in 2022.

She holds a Masters Degree in Film and Drama/Writing and a Graduate Certificate in Domestic and Family Violence. Apart from her playwriting career, Ayşe works as a Support Worker for victim/survivors of domestic and family violence.

*